건물주가 되는 첫걸음,
상가주택 짓기

주거와 수익이 보장되는
상가주택을 짓기 위한 10가지 키워드

건물주가 되는
첫걸음,
상가주택 짓기

위즈덤하우스

PART 1
그들은 어떻게 상가주택을 지었을까?

PART 2
좋은 기획이 있어야
좋은 상가주택이 나온다

PART 3
상가주택 잘 짓는 비법은 따로 있다

프롤로그

:

살면서 돈 버는 집, 상가주택에서 행복을 찾다

다양성의 시대다. 집도 그렇다. 아파트 일변도에서 단독주택으로, 타운하우스로, 그 관심이 확대되며 다양한 선택이 이뤄지고 있다. 이중 어느 집이 더 낫다고 단순하게 평가하기 어렵다. 그보다는 당신이 어느 집을 선택하는가가 지금은 더 중요하다. 집을 통해 당신의 꿈을 실현하길 원한다면 말이다.

상가주택도 그 다양성의 한가운데 놓여있다. 70년대 서울에서 태어난 필자는 상가주택을 생각하면, 1층에 슈퍼가 딸린 2~3층집 풍경이 떠오른다. 네모반듯한 직육면체 건물이 단조로워 보이고 단독주택처럼 아름다운 마당이 없긴 했어도 동네에선 '제법 사는 집'에 꼽혔다. 왜냐면, 주인이 건물에 살면서 직접 슈퍼를 운영하거나 또는 임대를 해서 월세를 받았기 때문이다.

최근 베이비부머 세대를 중심으로 일고 있는 상가주택 열풍의 배경은 바로 이 '살면서 돈 버는 집'에 대한 기대감이 아닐까 싶다. 과거에는 살면 살수록 돈을 벌어다 주는 역할을 아파트가 담당했다. 그러나 더 이상 아파트의 재산상 가치를 보장받기 힘든 시기가 왔으니 다른 곳으로 눈을 돌려야 한다. 더군다나 자산 중 부동산 비중은 높고 현금 비중은 적은 베이비부머 세대는 노후자금을 마련할 수 있는 출구를 찾아야만 했다. 그 와중에 신도시에 대량 포진되어 있던 상가주택을 지을 수 있는 용지(점포겸용단독주택지)가 관심을 끌기 시작했다. 상가주택은 집주인이 직접 살면서 1층 상가와 일부 임대세대를 통해 월세를 받을 수 있는 구조다. 베이비부머 세대 입장에서는 상가주택 한 채로, 노후에 거주할 집과 노후의 생활자금이 동시에 마련되니 속이 후련하다.

실제 신도시를 중심으로 급속도로 퍼져나가고 있는 상가주택은 전세 희귀 현상과 맞물려서 짓는 즉시 임대차계약이 성사되는 기염을 토하기도 했다. 지금도 전세가가 높은 지역에서는 전세보증금만으로 건축비를 충당하는 상가주택을 목격할 수 있다. 대도시보다 다소 땅값이 낮은 신도시의 경우에는 토지비용만 마련할 수 있다면 접근이 한결 쉬워졌다. 먼저 살던 집을 팔아 토지비용을 대고, 전세보증금으로 건축비를 충당하고, 1층 상가에서 월세를 받아서 생활자금으로 쓰고, 남은 돈은 저축할 수 있다. 이처럼 경기도권 신도시에서 시작된 상가주택 건설 바람이 지금은 지방의 혁신도시와 택지개발지구, 서울이나 부산 등 대도시의 구도심으로 불어가고 있다.

어느덧 상가주택은 무한 가능성을 내포한 집이 되었다. 단순히 '살면서 돈 버는 집'의 개념을 뛰어넘어 여러 형태의 라이프스타일을 담는 집이 되어가고 있다.

어떤 건축주는 1층 상가에 자신이 직접 창업을 하거나 이전의 일터를 옮겨오기도 한다. 집과 일터가 하나로 묶이자 삶의 질이 달라짐을 경험한다. 1부에서 등장하는 상도동 반달집 얘기다. 제례음식사업을 해온 반달집 부부는 사업장과 집이 결합된 상가주택을 지으면서 연간 4000만원씩 나가던 임대료만 절약한 게 아니다. 사업장 바로 위층에 마련한 부부의 집에 치유실을 두고 일하는 틈틈이 활용하며 건강도 되찾을 수 있었다.

한 해 토지세에 불과한 쥐꼬리만 한 월세를 받아오던 낡은 구옥을 헐고 다시 지어, 3개의 미니 상가와 2개의 사무실, 10개의 원룸을 두루 갖춘 상가주택을 얻게 된 40대 부부가 있다. 동시에 최상층에는 부부의 꿈을 담은 주인세대를 실현했다. 이 책에 실린 망원동 모퉁이집 부부의 사연이다. 토지를 보유하고 있었기에 부부의 개발이익을 따지자면 수십 퍼센트에 달한다. 그러나 수익률보다 부부를 더 감동시킨 것은 평소 남편이 꿈꾸던 취미를 구현할 수 있는 옥상이 생겼다는 점과, 생애 주기에 맞춰 변경해 가며 사용할 수 있는 집을 얻었다는 점이다. 부부는 대학생인 두 아들이 군대에 갈 것에 대비해 주인세대로 사용하는 4~5층 가운데 두 아들이 사용하던 5층을 온전히 임대할 수 있도록 욕실과 주방설비를 갖춰 두는 지혜를 발휘했다.

칠순 부모의 노후생활자금을 마련하기 위해 상가주택 짓기에 도전한 효심의 딸도 있다. 시대 변화에 발맞춰 신축한 이웃 건물에 둘러싸여 존재조차 인지하기 힘들었던 노부모의 집은, 누구라도 가던 길을 되돌아와 들여다볼 정도로 특별한 집으로 태어났다. 오죽하면 'UFO'라는 집 이름에 사람들이 고개를 끄덕일까. 집이 위치한 서울 동교동의 트렌드를 반영한 노출콘크리트 사무실도 그렇거니와, 최상층에 개별 마당이 있는 복층세대를 두어 지역 최고의 보증금을 받은 것도 차별화 전략이었다. 결과적으로 노부모의 생활자금은 물론, 딸의 투자금까지도 수월하게 회수할 수 있었다.

오로지 가족의 행복을 좇아 상가주택을 지은 젊은 교사 부부도 있다. 아파트에서 삼형제를 키우며 층간소음 걱정에 시달리던 아내는 퇴근 후 아이들을 데리고 집밖을 전전하기 일쑤였다. 아이들이 지칠 즈음이 되어서야 발소리를 죽여가며 아파트로 들어서던 일을 생각하면 지금도 마음이 아린다. 부부는 세 아이가 마음껏 뛰어놀 수 있는 주택을 지어야겠다고 결심했다. 그런 일념으로 찾은 땅에 살 집과 함께, 상가와 임대 세대를 마련했다. 건물 최상층에 자리 잡은 부부의 집은 마치 단독주택을 옮겨 놓은 것처럼 변화무쌍하다. 튜브수영장을 설치한 넓은 발코니마당에서는 아이들의 웃음소리가 끊이지 않으며, 공중 부양하듯 독특하게 만든 다락방은 삼형제가 번갈아 오르는 아지트가 되었다. 주방과 연결된 너른 평상에 마주 앉은 부부는 자유롭게 뛰어노는 삼형제를 바라보며 행복한 일상을 보내고 있다.

이 책을 쓰고자 결심한 이유는 이들에게 있다. 이들처럼, 우리도 상가주택을 짓고 행복할 수 있다는 점을 말하고 싶어서다. 그러나 현실에서는 '수익률'이라는 공식 풀이에만 얽매여서 정작 중요한 행복을 놓치는 건축주가 너무도 많다. 상가주택에 주인이 산다면? 그 가족의 삶을 담는 그릇이 되어주는 건축을 해야 한다. 누군가 잠시 들어와 사는 공간이 있다면? 마찬가지로 그들에게도 안락한 보금자리가 되어주는 건축이 필요하다. 상가는 어떨까? 이 역시 상권을 제대로 분석하고 공간 전략을 잘 세워서 상가 세입자들이 적정 임대료를 지불하도록 도와야 한다. 그렇게 하면 그 집에 사는 모두가 만족할 수 있고, 집주인에게 임대료가 안정적으로 들어올 수 있고, 수익도 저절로 따라오게 된다. 수익성과 행복이 공존하는 상가주택을 만드는 원리는 이 책의 2부에서 자세히 소개하고 있다.

그렇다면 행복한 건물주가 되기 위해 필요한 것은 무엇일까. '행복한 집짓기'에 관심이 많은 건축가의 여러 해에 걸친 시행착오와 경험을 토대로 건축주들이 꼭 알아야 할 이야기를 3부에 풀어놓았다. 상가주택은 일반적인 단독주택을 짓는 것과 대동소이한 부분이 있지만 상당히 다른 부분도 많다. 나 혼자 사는 집이 아니라, 여럿이 함께 살거나, 혹은 장사를 하거나 일을 하는 공간도 겸하는 복합건물이기 때문이다. 그래서 더더욱 설계자나 시공자 같은 전문가의 조력이 중요하다. 자신의 위시리스트를 정확히 알고 전문가와의 소통에 적극적인 건축주일수록 행복한 상가주택 짓기에 가까이 다가갈 확률이 높다.

책을 통해 건축주들의 생생한 육성과 건축가의 농축된 가이드를 함께 제공하고자 애썼다. 이 책이 행복한 상가주택 짓기 리포트가 되어 건물주가 되기를 꿈꾸는 이들에게 실질적인 도움이 되길 바란다.

그리고 언젠가는, 당신도 행복한 건물주가 되시길 응원한다.

2016년 4월 5일
구선영, 홍만식

PART 1

그들은 어떻게
상가주택을 지었을까?

CASE 1
망원동
모퉁이집

임대상가+임대사무실+임대원룸+주인세대+주인사무실
1석 5조, 집에 실용을 담다

층별 공간

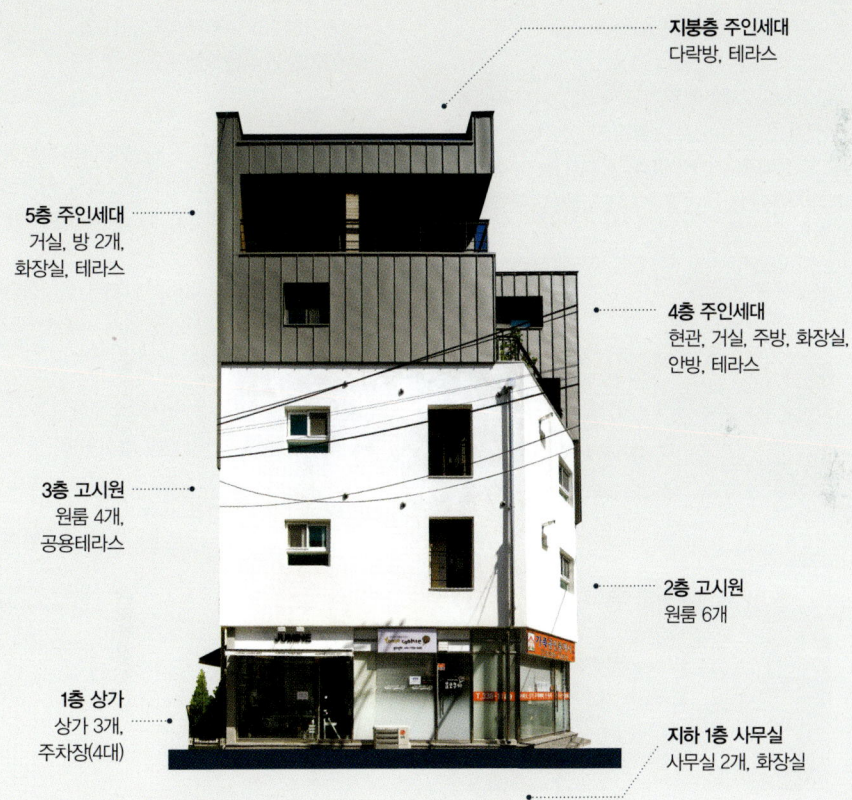

지붕층 주인세대
다락방, 테라스

5층 주인세대
거실, 방 2개,
화장실, 테라스

4층 주인세대
현관, 거실, 주방, 화장실,
안방, 테라스

3층 고시원
원룸 4개,
공용테라스

2층 고시원
원룸 6개

1층 상가
상가 3개,
주차장(4대)

지하 1층 사무실
사무실 2개, 화장실

망원동 모퉁이집

위치
서울 마포구 망원동 467-27

건물구성
지하 1층~1층 상가+2,3층 원룸(고시원)+4,5층 자가
주택

용도
단독주택+근린생활시설

개발포인트
• 토지주 직접 개발로 수익률 상승
• 단독주택 같은 주인세대 구성
• 주인세대를 2세대로 분리할 수 있는 가변구조 채택
• 2~3층을 고시원으로 계획해 사업성 확보
• 지역특성에 맞게 지하~1층 근생시설을 소규모로 분리
• 지하 사무실 1실을 건축주 자가 사용, 직주혼합 실현

[BEFORE]

[AFTER]

규모
• 대지면적 193㎡(58평)
• 연면적 483㎡(145평)
• 용적률 195.86%
• 건폐율 57.22%
• 규모 지하 1층, 지상 5층
• 주차대수 4대

건축
• 구조 철근콘크리트 구조
• 설계기간 2011년 6월~2011년 8월
• 시공기간 2011년 9월 ~2012년 3월

자재 · 설비
• 내부 주인세대 : 강마루, 수성페인트, 자기질타일
　　　　임대세대 : 우드데코타일, 벽지, 자기질타일
　　　　근생 : 데코타일(바닥), 수성페이트(벽), 콘크리트
　　　　　　면처리(천정)
　　　　계단실 : 화강석물갈기(바닥), 폴리싱타일(벽)
• 외부 스터코, 리얼징크, IPE목재, 노출콘크리트
• 가구 건축주 주문제작

개발비용
• 건축비 6억6200만원(평당 450만원)
• 설계 · 감리비 3000만원
• 인테리어 · 가구제작 · 세금 6390만원
　: 총액 7억5642만원

임대수익
• 근생상가(5호) 총보증금 5000만원_총월세 290만원
• 2~3층 원룸(10실) 총보증금 5000만원_총월세 450
　만원
• 4~5층 자가 주택 사용
• 수익률 13.7%

층별 평면도

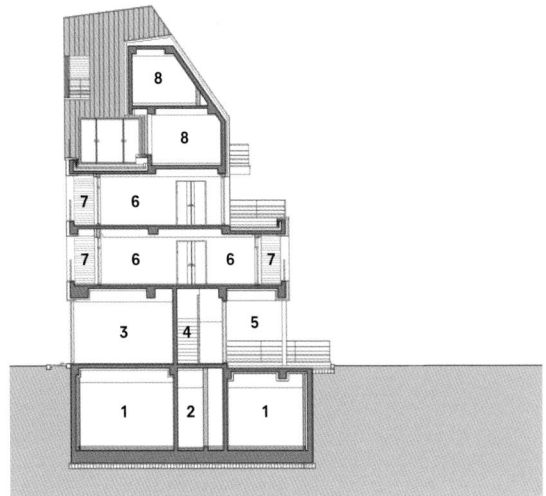

Section

1. 사무실
2. 화장실
3. 상가
4. 현관
5. 주차장
6. 원룸
7. 테라스
8. 주인세대

B1

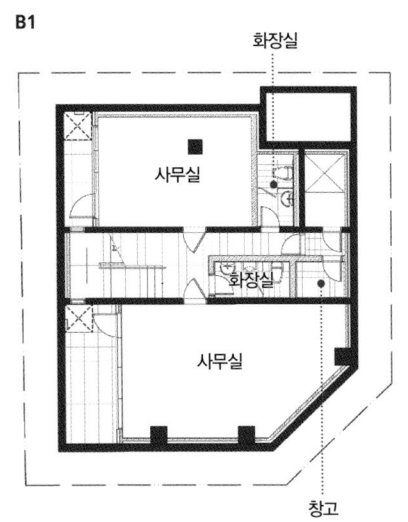

화장실

사무실

화장실

사무실

창고

1F

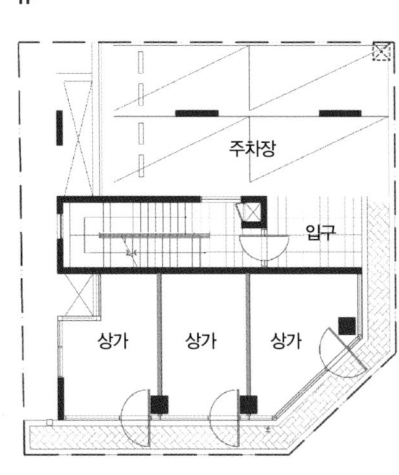

주차장

입구

상가 상가 상가

2F

3F

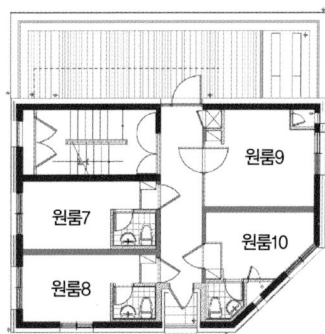

4F

5F

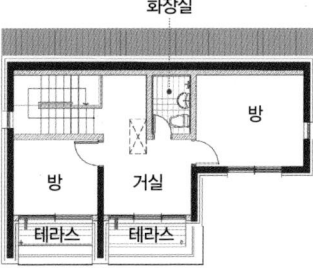

Loft

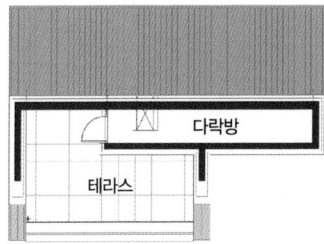

"10년 뒤 생활 계획까지 집에 반영했어요"

"다락방에 올라가면 그 끝에 문이 하나 있어요."

천장에 숨어 있는 접이식 간이계단을 잡아 내려서 살금살금 발 딛고 올라선 다락방. 방 끝에 난 문을 열고 나가면 넓은 테라스가 펼쳐진다. 아내 임민영(47) 씨의 계획은 거기다 조그만 오두막을 지어 놓고 계절하우스로 활용하겠다는 것이다.

"아주 춥고 더울 때를 제외하면 가능해요."

지상으로부터 15미터쯤 올라앉은 옥상은 한강에서 불어오는 바람을 맞거나 맑고 어두운 밤엔 별을 감상할 수 있는 꽤나 낭만적인 공간이다. 그곳에 들풀이나 야생화를 키우기 위해 자동으로 물을 주는 시설도 설치하겠단다.

"나는 거기서 도시 양봉을 할 겁니다."

남편 전승환(48) 씨는 벌을 키우고 싶다. 건축가는 남편이 언젠가는 양봉하는 남자의 꿈을 이룰 수 있게 기꺼이 기초 작업을 해주었다.

10년 뒤 집을 어떻게 쓰겠다는 계획까지 설계에 반영해서 밑 작업을 해놓았다는 중년 부부, 여유와 지혜가 느껴진다.

"인생의 라이프스타일도 주기가 있듯이 집도 살면서 조금씩 바뀌게 되니까요. 미리 대비하는 거죠."

58평 땅에 건축한
1석 5조 '종합선물세트'

2012년 5월, 망원동 모퉁이집에 입주한 전승환 · 임민영 부부는 새로운 꿈을 꾸기 시작했다. 아내는 게스트하우스의 주인장으로, 남편은 도시의 양봉업자로 금방이라도 변신할 태세다.

부부에게 이 집은 결혼 20여년 만에 얻은 종합선물세트 같은 존재다. 부부가 함께 사무실을 운영하며 두 아이를 키워 온 젊은 세월을 보상하듯, 망원동 모퉁이집은 부부가 살아오면서 아쉬웠고 갈망했던 구석들을 속속 해결해주고 있기 때문이다.

지하 1층부터 최상층인 5층, 그리고 다락방에 이르기까지. 건물 안에는 다채로운 공간이 아기자기하게 들어차 있다. 지하층에 만든 사무실(2실) 가운데 한 곳은 부부의 사무실로 사용 중이고, 나머지 한 곳은 임대 중이다.

남들이 말리고 본인도 될까
싶던 상가주택, 짓고 나니
망원동 거리의 이정표가
될 정도로 호평을 받았다.

1층에는 모퉁이를 따라 길게 상가가 배치되어 있고 한쪽에 주차장과 건물 출입구가 있다. 모퉁이 땅이라 도로와 접한 면이 넓다는 이점이 돋보인다. 그런데 상가는 모두 3개로 작게 쪼개져 있다. 이 또한 이유가 있는 분할이라는 점을 글을 읽어가며 차차 알게 될 것이다.

2~3층에는 원룸 10세대가 포진되어 있고, 4~5층에는 주인세대인 부부와 두 아들이 거주 중이다.

상가와 오피스, 임대주택과 주인세대를 결합한 이 다채로운 용도의 복합 건물이 들어선 땅의 규모는 193㎡(58평)에 불과하다. 지하부터 지상 5층까지 합산한 건축연면적은 483㎡(145평)으로, 이 집은 대한민국 도심지에서 흔하게 볼 수 있는 중소규모 주택에 속한다.

부부는 어떻게 이 종합선물세트 같은 상가주택을 짓게 된 것인지, 집을 들여다볼수록 부부의 속내가 궁금해진다.

남편 이 터에 오래 살았어요. 지은 지 30년쯤 된 이층집이었는데 너무 낡아 불편했죠. 집을 팔고 다른 동네 가서 단독주택을 짓고 살까도 생각했는데, 집이 팔리지 않더라고요. 5~6년 전만 해도 서울에서 망원동은 거들떠보지도 않는 동네였으니까요.

아내 일도 하고 잠도 자고 수익도 나는 집이 있었으면 좋겠다는 생각이 늘 있었죠. 남편과 같이 사무실을 운영하는데, 밑으로 내려가면 사무실이 있고, 위에는 살림공간이 있는 그런 집이 절실히 필요했어요.

남편 이사도 가기 힘들고 아예 우리가 원하는 대로 짓고 살자고 마음먹은 거죠. 여기다 5층 건물 짓겠다고 하니까 주변에서 다들 말렸어요. 망하려고 그러느냐, 건물 짓다 잘못하면 죽는다고까지 하면서.

아내 집 지어도 될지 정말 고민이 많았죠. 우리 부모님도 집 짓고 사셨거든요. 집 짓고 병나고, 다시 집 짓고, 또다시 병나고 했던 기억이 있어요. 그래서 홍 소장을 찾아가서 고민을 털어 놓았죠. 그분이 작성한 사업분석표를 보고 나서야 집 지어도 되겠다는 확신이 생겼어요.

기자 확신을 준 결정적 요인이 궁금하네요.

남편 결정적인 건 소장님으로부터 '고시원 허가'를 받을 수 있다는 얘기를 듣고 부터였어요. 사실 도심지 땅에 집을 지을 때 가장 큰 문제가 주차장이거든요. 땅 크기가 작아서 건축법이 요구하는 주차 대수를 충족시키고 나면 1층이 거의 필로티가 되어버려요. 자연히 상가 임대도 어려워지고 수익성이 나오지 않죠. 그런데 원룸을 고시원으로 허가받으면 주차대수가 줄어들고 상가도 살릴 수 있어서 수익성을 기대할 수 있더라고요.

건축가 고시원에 대해 잘 모르는 건축주가 많아요. 고시원은 집 안에서 취사를 원하지 않고 대신 월세비용을 적게 내려는 젊은층이 수요자가 되죠. 망원동은 홍대와 가깝고 교통여건이 좋아서 굳이 차를 운행하지 않아도 사통팔달이거든요. 수요가 충분하다는 생각이 들었어요.

기자 세 분이 만나서 모퉁이집을 계획한 게 2011년 얘기잖아요. 벌써 여러 해가 흘렀어요. 그 때만 해도 이렇게 주거와 상가를 결합한 형태의 상가주택이나, 벤치마킹을 할 만한 주택 모델이 거의 없었죠?

아내 우린 남들이 말릴 때 일찍 시작해서 안정기에 들어왔다고 봐요.

건축가 저로서도 이 집이 상가주택 처녀작이에요. 기존에 보았던 도심주택이라고 하면 점포주택, 빌라, 뭐 이 정도죠. 그래서 첫 집을 어떻게 풀어낼까 고민이 참 많았어요. 부부는 처음에 이 집을 팔고 다른 데 가서 단독주택을 지어서 살고 싶다는 얘기를 했어요. 그래서 "내가 건물 위에 당신들이 살고 싶어하는 단독주택을 올려주겠다"고 장담하고 나서야 상가주택 설계가 시작된 겁니다.

살림집과 일터, 수익이 모두 충족하는 상가주택을 짓고 싶었던 부부와, 주거와 수익이 보장되는 새로운 상가주택의 모델을 만들어보고 싶었던 건축가, 이 세 사람의 만남은 새로운 표정의 '도심 살림집'을 탄생시켰다. 건축가는 건물 상층부에 올라가는 주인세대의 형태를 단독주택처럼 만들면 상가주택의 얼굴이 될 것이라고 판단했다. 그 판단은 적중했다.

이 부부는 이미 땅을 소유하고 있었기 때문에 개발 수익이 높을 수밖에 없다. 건축가가 사업기획 당시 예상한 수익률이 13%가 넘어섰다. 그 정도 수익률이라면, 건물 상층부에 얼마든지 원하는 주거 타입을 만들 수 있겠다는 확신이 들었다. 임대를 목적으로 하는 지하~3층까지는 단순한 입면을 갖는다. 주인세대가 위치한 4~5층은 사방에 테라스를 배치해 건물을 입체적으로 만들고 있다. 사각박스처럼 들어서는 이웃 주택들과 달리 여유와 멋스러움이 깃든 부부의 집은 어느덧 망원동 거리의 이정표가 되었다.

상가주택이라고
집을 양보하지 않았다

건축가가 장담한, 상가주택 속 단독주택은 어떤 모습일까. 4~5층에 걸쳐 있는 주인세대를 본격적으로 둘러보자. 뜯어볼수록 일반적인 집에서 볼 수 없는 공간들이 끊임없이 쏟아진다. 우선 현관부터가 독특하다. 엘리베이터를 타고 4층에 당도, 현관문을 열자마자 정면에 거실이 펼쳐지는데 오른편에 곧장 계단실이 시작된다. 뭔가 분리된 이 느낌. 흠, 이쯤 되면 무슨 계산이 숨어 있는 거다.

아내 내년에 대학생인 큰아이가 군대 가고 작은아이는 대학을 가요. 그때 가서 우리 둘이 위 아래층을 다 쓸 필요 없으니 위층은 임대를 주어야겠다. 그런 계획으로 층마다 화장실 두고, 주방시설도 쓸 수 있게 했어요.
남편 나중에 공동현관으로 써야 할 때 불편하지 않도록 위층으로 올라가는 별도의 문이 달릴 위치까지 생각해서 공간을 잡았어요. 신발장도 2개를 두어서 세대 분리에 대비했고요.

1 나중에 위층 임대시 별도의 문을 달 것을 감안해 현관을 설계했다. **2** 계단실의 디자인에 공을 들여 단독주택 같은 느낌을 부여했다. **3, 4** 건축주의 바람이 세세하게 반영된 욕실과 주방.

아내 아래층(4층)에는 안방과 거실, 주방, 화장실이 있어요. 위층(5층)에는 방 2개와 거실, 테라스, 화장실, 미니주방에 다락층까지 딸려 있고요. 집 위에 또 다른 집 한 채가 얹혀 있는 셈이죠. 위층에 1인 가구는 물론이고 신혼부부도 살기에 충분해요.

남편 길게 보고 설계한 집이에요. 입주하고 나서 전혀 뜯어 고친 데가 없답니다.

건축가 기획설계만 두 달 정도 했으니까 긴 시간이었죠. 설계는 총 3단계로 구분할 수 있는데 기획설계가 첫 단추나 다름없어요. 이 시기에 건축주 의견을 반영해서 변동 과정을 충분히 거치는 거죠. 그러고 나면 두 번째, 세 번째 설계 단계에서는 좀 더 세밀한 곳까지 신경 쓸 수 있어서 결과적으로 건축주들의 만족감이 높아져요.

남편 우리가 요청 사항이 많았어요.

아내 큰 욕심은 없는데 우리가 살기에 좋은 집이어야 한다는 입장만은 분명했죠. 그러고 나서 예뻐야 하고요.

남편 (아내에게) 그게 큰 욕심이지 뭐.

아내 보기엔 예쁜데 살기 불편한 집은 안 된다는 거죠.

기자 굉장히 실용적이면서 10년 후 20년 후까지 생각한 집이네요.

아내 평생 자기 집 짓는 일, 한 번 있을까 말까 한 일인데 10년 후, 20년 후를 반드시 생각해야 하지 않을까요.

남편 사실 집을 토대로 하고 싶은 게 너무 많았어요. 하지만 공간이 허락하는 건 한계가 있잖아요. 그래도 거의 다 했어요. 화초도 키우고 아이들과 캠핑할 공간도 마련하고…. 이제 양봉만 하면 돼. (일동 웃음)

아내 시행사에 주방 도면을 줄 때, 주방 사이즈와 가전기기 몇 개 쓸 거니까 콘센트 위치까지 지정했어요. 콘센트가 있을 위치에 콘센트가 딱 있게. 선 정리를 깔끔하게 할 수 있게요.

남편 전자제품 사용기한을 다 조사해서 앞으로 몇 년 쓸 수 있으니까 케이스 만들어도 되겠다, 이런 식으로 주방가구를 맞췄어요. 그렇게까지 한 줄은 당신도 몰랐지?

아래층 25평, 위층 10여 평. 35평짜리 단독주택이 상가주택 4~5층에 배치되어 있다. 그런데 두 집은 분리세대로 사용할 수 있다. 층마다 한 세대가 사는 데 필요한 방, 주방, 거실, 욕실, 테라스와 같은 기능을 모두 충족시켜 놓았기 때문이다.

그럼에도 집은 좁게 느껴지지 않는다. 체감 면적이 훨씬 넓다는 이 느낌은 무엇 때문일까.

이 집은 단순한 듯하지만, 뜯어보면 공간이 다채롭다. 방방마다 모두 테라스가 달려 있어서 다채로운 느낌을 가중시킨다. 법이 허용하는 테라스를 모두 확장해서 실내로 접수해버리는 요즘 식의 집과는 판이하다.

아내 테라스 확장도 안 하고 새시 설치도 안 했어요. 왜냐면 테라스가 있어서 밖에서 책도 보고 햇볕도 쬐고 화분에 물도 주고 이런 기쁨이 커요. 집이 좁은 건 가구를 줄이면 되거든요.

남편 무엇보다도 건물도 숨을 쉬어야 하는데 필터역할 하는 공간을 모두 떼어내 버리니까 한겨울엔 춥고 한여름엔 덥고 환기 안 되고, 종합적인 문제가 발생해요.

아내 우리에게 좋은 집이 어떤 집이에요, 하고 물어오면 설명하기 복잡하잖아요. "그건 모르겠고, 일단 꽃이나 식물 키우기 좋은 집이 제일이야." 이렇게 답해요. 아파트 확장한 집은 식물 성장이 잘 안돼요. 그런 집은 사람이 살기에도 안 좋아요. 어떤 집에 갔는데 그 집에 나무나 이런 게 잘 크고 싱그럽다면 그게 사람한테 좋은 집이에요. 그런 집을 사서 조금만 나한테 맞게 손을 대서 살면 그런 집이 좋은 집이 아닐까요.

기자 이제 보니 베란다에 화분이 많네요?

아내 다육이 키워요.

건물이 숨을 쉴 수 있도록 필터역할을 하는 테라스들을 많이 배치했다.
식물이 살 수 있는 집이 사람이 살기에 좋은 집이라는 생각에서다.

남편 다 동면하는 애들이라, 밖에 두고 덮어두면 돼요.

건축가 안방과 거실에 붙어 있는 테라스는 2평 남짓한 크기예요.

기자 이 건물에서 허파 같은 곳이네요.

건축가 위층 큰애 방에서 내려다보이기도 하고, 동네 길에서도 살짝 보여요. 안방에서도 보이고요.

남편 저녁때 되면 제가 승민이와 재민이를 테라스로 불러들여요. 자연스럽게 대화가 되는 분위기여서, 자주 애용하는 장소랍니다.

아내 안방 발코니엔 모두 바라보고 즐거워할 애들이 있죠. 뒤쪽 발코니에는 우리가 길러서 먹을 애들이 있고요. 요즘은 상추랑 미나리 뜯어먹는 재미가 좋네요. 여기가 빛이 잘 들고 바람이 잘 불어서 잘 자라거든요.

남편 테라스가 많고 시야가 트여 있는 집은 장점이 많아요. 우리 집은 특히 한강 바람이 잘 들어오는 구조예요. 맞통풍이 되도록 설계했거든요. 여름에 선풍기밖에 안 켜요. 저희 건물 자체가 들어오면 시원하답니다.

아내 방에서 외부 공간이 다 연결되어 있어서 휴가 갈 생각을 안 해요. 얼마 전에도 남편이 호텔로 휴가 가자고 했는데 싫다고 했어요. 두 마디 대화로 끝났죠.

"호텔방은 좁고 답답하잖아. 스위트룸도 아니고. 하하."

남편 우리 집이 보기보단 실제 크기가 작아요. 아래층이 25평, 위층이 10여 평 남짓이에요. 그래도 집 안에서 필요로 하는 역할은 다 있답니다. 너무 작지도 않고, 작다 싶으면 공간을 많이 비운 거죠. 살펴보면 눈높이에 오는 게 없어요. 둘러보면 다 창밖이 보이게 해둔 것도 요령이죠.

건축가 이 집에서는 특히 가구가 건축공간의 핸디캡을 극복하는 데 굉장한 역할을 했죠.

아내 모두 직접 디자인해서 주문제작했어요. 인터넷에서 판매하는 저렴한 가구들은 너무 약해서요. 아이들 침대 밑에 들어가 있는 서랍에는 바퀴가 달려 있어요. 빼면 그 자체로 서 있죠. 무너지거나 기우는 게 없어요. 침대로 안 쓰고 다른 용도로 쓸 수

건축공간의 핸디캡을 극복하게
한 가구들. 1 벽면과 침대 밑에
서랍을 숨겨 깔끔하고 넓어보이게
했다. 2 필요할 때마다 꺼내 쓸 수
있도록 한 행거. 3 아이 연령에
따라 바꿀 수 있는 책상 디자인.

도 있답니다. 아이들 책상도 파티션을 중간에 세웠어요. 대학 가고 나서는 파티션을 치우고 넓게 쓸 수 있게끔요.

기자 가구들이 간편하다는 느낌이 들어요. 덩치가 느껴지지 않네요.

아내 가구가 예뻐서 샀지만 우리 집에 갖다 놓으니까 안 어울린다고 얘기하는 분들이 많은데, 그건 공간 정리가 안 되어 있기 때문이에요.

모퉁이집의 멋스러운 외관이 가능했던 이유는 건물 곳곳에 분포된 허파처럼 숨을 쉬는 발코니들 덕분이다. 건축주는 대부분 이런 공간을 채우고 싶어하고 건축가는 비어두고 싶어하는데, 모퉁이집 건축주는 후자를 택했다. 채우는 것이 득보다 실이 더 많은 선택이라는 점을 경험치로 알고 있기 때문이다.

상가주택 지은 계기로
다른 집 원룸
관리도 시작하다

이제 부부에게 고정적인 수익을 안겨주는 1층 상가와 2~3층 원룸에 관한 이야기로 넘어가보자. 임대세대를 계획한 이야기에 다다르자 부부는 더욱 열의를 보인다. 부부는 '자식의 방을 만드는 마음으로' 임대세대를 계획했다고 말한다. 작은 규모지만 쾌적하게 꾸민 원룸에는 부부의 윤리의식과 직업의식이 고스란히 스며들어 있다.

현재 부부는 '메종K'라는 이름을 내걸고 임대주택관리업을 겸하고 있다. 이 집을 지으면서 새롭게 시작한 일이다. 월세 주택이 늘어나면서 최근 임대주택관리업체가 우후죽순 생겨나고 있는 만큼, 임대주택 관리는 새로운 블루오션이다. 부부는 상가주택을 지으면서 블루오션 일자리까지 추가로 얻게 된 셈이다.

남편 '메종K'는 소규모로 집 짓고 임대하는 집주인이 겪는 소소한 관리 문제를 속 시원히 해결해주는 게 목표예요. 현재 관리하는 원룸이 총 60개인데, 지난 3년간 공실이 하나도 없었어요. 우리 것 10개, 홍대 36개, 강서 11개, 이렇게 되거든요. 우리가 관리를 시작하면서 실내 리모델링만 살짝 했는데, 기존 입주자들이 굉장히 좋아해요.

아내 요즘 이 일대에 원룸 공급이 늘어서 공실이 많다고 하는데, 우리 집은 예외예요. 블로그에 대기자도 있답니다. 기존 입주자가 이사 갈 때 자기 친구에게 물려주고 가기도 해요. 동생이 와서 살기도 하고 심지어는 사촌간이 앞뒤로 살아요.

기자 집은 자기가 살아보고 편해야 권해주는 건데, 이렇게 재차 선택받는 비결이 뭔가요?

아내 방 하나라도 혼자 사는 사람의 로망이 담긴 집으로 꾸미는 게 답인 것 같아요. 사는 사람이 자부심을 갖게요. 작아도 이런 집에서 살고 싶다는 마음이 들게 말이죠. 또, 우리 집이 주변 시세에 비해 비싸지 않으면서 마감 수준도 괜찮아요. 주인집과 임대세대 마감재가 똑같거든요. 방이 작아도 우리 작은애 방에서 느끼는 그런 느낌을 받을 수 있어요. 필요한 가구도 다 갖춰졌고요. 침대, 선반장, 수납장 다 있죠. 흰색으로 통일해서 들어가면 딱 정돈된 느낌이 있어요.

기자 2~3층 복도에 들어갔을 때 쾌적하더군요. 채광도 좋고요.

건축가 보통 원룸 건물은 복도 끝을 막아버리죠. 복도를 막으면 침침하고 환기도 어려워져서 저의 원칙은 어떤 경우에도 통로는 절대 막지 않는 겁니다. 이 집에서는 복도 끝에 긴 테라스를 달아서 숨통을 텄어요.

아내 관리하기 좋으라고 짓는 건물이지, 살라고 짓는 건물이 아니라는 생각이 드는

원룸 임대공간인데도 '내 아이가 쓸 것처럼'
인테리어를 신경 써서 경쟁력을 높였다.

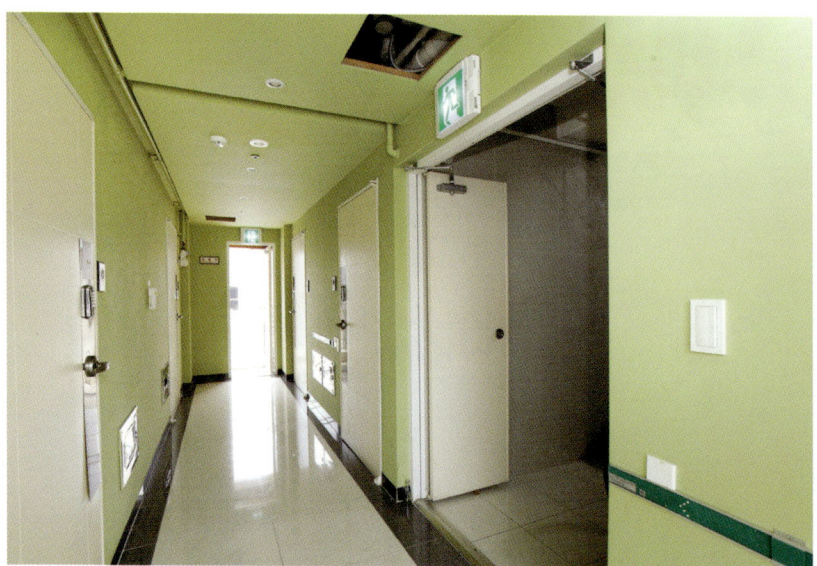

보통 원룸 건물은 복도 끝을 막아버린다. 그러나 복도 끝에 긴 테라스를 달아 숨통을 틔웠다.

건물들이 있어요. 방에 빛도 안 들어오고 복도가 깜깜하고 냄새나는 이런 집에서 어떻게 살죠? 건강한 젊은이도 그런 환경에서 지속적으로 살면 우울하게 되죠. 이제 집 짓고 임대하는 분들도 윤리의식과 직업의식이 있어야 합니다.

기자 대부분 건축주가 수익률을 높이고 면적을 확보하려다가 놓치는 부분이네요.

아내 건축주들의 착각이에요. 작더라도 좋은 공간을 만들면 수익률이 높아지는 게 임대사업의 이치죠. 무조건 넓은 방을 많이 뽑는다고 좋은 게 아니에요. 어떤 집은 방이 10개인데 6개씩 공실이 생기는 집도 있어요. 무슨 소용이 있나요? 건축주가 그 정도 생각밖에 없으면 시설은 두말하면 잔소리죠. 내 돈만 소중한 게 아니에요. 젊은이들 입장에서 월세 몇 십만 원은 엄청 큰돈인데, 그걸 받으려면 그 이상으로 해줘야겠다는 생각으로 집을 지어야 합니다.

남편 메종K는 임대관리를 맡을 때 기준이 있어요. 임대인과 임차인 사이에 갈등상황이 발생하거나 정산할 때 문제가 발생하면 사회적 강자인 집주인이 양보한다는 조항을 두었어요. 그 정도 양보할 마음이 생기는 건물주여야 관리를 맡겠다고 당당히 말합니다. 그 정도 마인드가 되어야 시설에 투자도 하고 집 보수도 하죠. 등 하나도 안 갈아주려는 건축주가 너무 많아요. 나중에 이사할 때 이런저런 이유를 들어서 몇 천 원씩 다 제하고 주고요. 그렇게 한다고 더 잘사는 것도 아니거든요.

기자 건물 관리에 신경 쓸 일도 많을 것 같은데요.

남편 건축할 때 건물 관리를 효율적으로 할 수 있는 방안을 고민해서 적용해야 해요. 우리 집은 보일러를 계단실 한 곳으로 모아서 관리 및 고장 수리·교체가 쉽게 만들었어요. 각 실마다 보일러실이 차지하는 공간을 덜어내니 입주자 입장에서 더 넓고 쾌적한 공간을 누릴 수 있어서 좋지요.

아내 집 지을 때 나중에 유지보수가 쉬운 자재를 고르는 것도 방법인 것 같아요.

주거와 사무실
모두 해결하고도,
월 700만원 임대수익

상가주택임에도 불구하고 단독주택 못지않은 생활공간을 누리면서, 3년 간 단 한 번의 공실조차 허락하지 않을 정도로 인기 있는 원룸을 운영하며, 상가와 지하 사무실에서까지 임대료를 꼬박꼬박 받고 있는 모퉁이집 부부.

이제 수입에 대해 허심탄회하게 얘기할 차례다. 총액부터 물어보고, 각론으로 들어간다.

기자 매달 이 집을 통해 나오는 수입이 얼마나 되나요?

아내 한 달에 월세 700만원이 들어와요. 이밖에도 보이지 않는 수입이 있어요. 우리가 이 건물에서 살고 일하니까, 나가야 할 지출이 안 나가면서 남는 돈이 되는 거죠. 우선 우리 부부가 운영하는 사무실 임차료와 보증금이 안 나가고, 살림집도 여기서 해결하잖아요. 만약 우리가 지금 살고 있는 살림집의 층을 분리해서 임대하고, 사무실도 안 쓰고 임대한다면, 지금보다 더 많은 임대수익이 나겠죠.

기자 그러니까, 원룸 10개와 상가 3곳, 사무실 1곳에서 나오는 임대료 월 총액이 700만원이라는 거군요. 사실 요즘 많은 분들이 이런 집에 살면서 매달 나오는 월세 부분을 가장 부러워해요.

남편 솔직히 임대관리가 만만한 일은 아니에요.

아내 아무것도 안하고 월세 받는다고 생각하면 오산이에요. 그런 생각으로 하다 보면 경쟁력이 떨어지고, 임차인들도 외면하는 집이 되거든요. 저희는 서비스업을 하고 있다고 생각하기에 불만과 요청을 웬만하면 수용해주자는 입장이에요. 사무실 같은 경우도 우리가 처음 사무실을 창업해서 사업할 때 어려웠으니까, 잘됐으면 좋겠다는 생각으로 임대했어요. 주변 임대 시세가 오른다고 거기 가서 어떻게 월세를 올려달라고 하겠어요. 사정을 뻔히 아니까요. 저는 그렇게 생각해요. 공실 안 나고 계속 유지가 되면 굳이 임대료를 올릴 필요가 없다고요. 남들 올린다고 나도 올리는 건 욕심이 과한 거라고요. 건물주만 좋아서는 안 되는 게 상가주택이에요.

기자 기존에 살던 집을 건축했기 때문에 건축비용을 마련하는 데 부담이 크진 않았을 듯한데, 어땠나요?

아내 땅값이 들지 않으니까 한결 낫죠. 건축비는 총 6억이 들었어요. 임대보증금과 갖고 있던 현금으로 대부분 해결했죠.

건축가 기존에 살던 구옥 1층에도 상가가 있었는데, 땅값을 제외하고 3% 수익률이 나왔어요. 그런데 모퉁이집을 신축했을 때 수익률을 분석해보니까 13%가 넘었어요. 결국 기존 구옥에서는 상가 임대료를 받아서 나라에 토지세만 겨우 내고 있는 실정이었던 거죠.

아내 상품 구성을 정말 잘했어요. 지하 사무실도 2개로 나누고, 1층 상가도 3개로 쪼갰어요. 망원동은 큰 규모는 잘 안 나가요. 그래서 최대한 작게, 혼자 와서 장사할 수 있고 임대료도 적게 낼 수 있도록 계획한 거죠. 원룸도 크면 비싸니까 작게 해서 싼 게 낫다고 생각했어요. 우리 원룸은 월세 50만원짜리가 3개이고, 나머지는 다 40만원이에요. 사용자 입장에서 집구하려고 했을 때 이 동네에서 이 정도 수준이면 이 가격에 살 수 있다는 마음이 들어야 해요.

남편 우리집이 위치가 좋아요. 마포구청역이 도보로 5분 거리인데, 평지라 걷기도 좋아요. 재래시장이 있어서 물가도 싸고요. 재미도 있어요. 우리 동네에는 음악 하는 사람도 많고 구석구석 젊은 화가의 작업실도 숨어 있어요. 홍대까진 못 나가고 이 동네에서 생활하는 사람이 많거든요. 동네에 더 이상 아파트 안 들어서고 이 정도 규모로 살았으면 좋겠어요. 이제는 건물주들이 땅 팔고 나가는 게 손해라는 걸 알아요. 그래서 어떻게든 자기네가 해보려고 해요. 우리가 집 지으면서 같은 골목에 건축이 많이 일어났죠. 집 짓고 나서 동네 사람들에게 고맙다는 얘기를 들었어요. 코너에 깨끗한 건물이 들어서니 동네가 살았다, 보기 좋다고요.

집, 어찌됐건
한번은
지어보는 게 낫다

수익성에 대한 이야기를 나눠보았다. 어쩌면 상가주택의 수익성은 수치만으로 계산되는 게 아닌 듯싶다. 주거와 임대공간이 공존하는 상가주택은 특히 그렇다. 내 삶의 공간과 연관성이 없는 오피스텔 한 채를 구매해서 임대한다면 수익률이 똑 떨어지게 계산될 수도 있겠지만.

상가주택은 자가주택이기도 한 만큼 주거 만족도가 얼마나 높은가에 따라 수익성에 대한 체감온도가 확확 달라진다. 같은 임대수익을 거두어도 더 높은 만족도를 얻을 수 있다는 얘기다.

마지막으로 상가주택을 지어본 경험 속에서 느낀 허심탄회한 소회들을 나눠보았다. 망원동 모퉁이집 부부가 던지는 말 속에는 중요한 멘트들이 숨어 있다.

아내 집 짓는 건 여건만 되면 조그만 집이라도 지어보는 게 낫다고 생각해요. 용기가 좀 필요한 일이긴 하지만. 주인만 부지런하면 단층집, 이층집 정도는 지을 수 있어요. 하지만 5층집 짓는 건 좀 복잡해서 전문가 도움이 꼭 필요해요.

건축가 집짓기 모임에 오는 분들 중에는 집 짓고 10년 늙었다고 하는 분이 많아요. 설계 자체도 안 좋았고, 시공은 힘들었고, 입주하니 맘에 안 들고, 사는 내내 스트레

스 겪고 있다고요.

아내 저도 요즘 짓는 집들 보면 엄청 스트레스 받아요. 마인크래프트 게임에 나오는 완전 3D 정육면체의 조합 같지 않아요? 저 금액 안에서도 더 예쁘게 할 수 있는데 안타깝죠.

건축가 그런 건물들은 법적 설계만 한 거예요. 그 정도는 30분에서 1시간 정도 하면 설계가 나와요. 외장도 건축가가 정하지 않았을 가능성이 높아요. '지정벽돌'이라고 적어놓으면 시공사가 몇 가지 벽돌을 들고 와서 보여주고 현장에서 건축주가 하나 고르는 식이죠.

기자 그런 집도 싸게 지은 줄 알고 물어보면 별 차이가 안 나더군요.

아내 처음엔 싸게 시작했다가 나중에 정산하면서 올라가는 거죠.

남편 도면이 말 그대로 항해도잖아요. 좌표를 정확히 지적해줘야죠. 몇 시간 만에 나오는 평면은 돌발변수가 너무 많아요. 그러니까 당연히 장기간 공사하면서 금액이 추가되는 거죠.

기자 마지막으로 이런 상가주택을 짓고 싶어하는 분들에게 조언 한마디 해주세요.

아내 집 지을 때 준비기간을 많이 가지세요. 시작은 조금 늦게 해도 돼요. 대신 설계나 조사기간을 충분히 갖고 설계도면도 건축가와 많이 상담해서 충분히 준비한 다음 시공하세요. 보통은 거꾸로 시공부터 시작해 놓고 세부 논의에 들어가는데, 이렇게 하다 보면 중간에 뜯어고치느라 기간이 길어지고 건물이 산으로 가요. 비용도 더 들어가고요.

남편 그리고 소양 있는 좋은 설계자를 선택하세요. 과거 지었던 집 보면 알 수 있어요. 싸면서 좋은 건 없어요. 좋은 건 그만큼 비용을 낼 마음이 되어 있어야 해요. 설계비 너무 아끼지 마세요. 적정 설계비 주고 공사비 아낄 수 있는 방향으로 설계하는 게 현명하다고 강조하고 싶어요.

아내 서울에 혹시 자기 집이 있는 분들은 꼭 지으세요. 팔지 말고요. 이도저도 아니면, 리모델링해서 사세요. 그러다 나중에 여건이 좋아지면 그때 건축해도 늦지 않아요. 땅을 팔고 또 땅을 사서 집 짓는 건 너무 큰돈이 들어요. 꼭 자기가 갖고 있는 단독주택을 포기하지 말라고 당부하고 싶어요.

남편 마지막으로, 집을 지을 때 꼭 예비비가 있어야 해요. 빌라 짓는 것처럼 대출을 가득 받으면 힘들 수 있어요. 집짓기는 돌발변수가 많아요. 우리도 1억 이상 현금으로 조달해야 할 일이 공사 중에 생겼었죠. 여유자금이 준비됐을 때 집을 지어야 원하는 집을 지을 수 있어요. 그런 준비 안 하고 어떻게 되겠지 하고 시작하면 집이 주인을 집어삼키게 된답니다.

아내 집 지으려면 내가 어떻게 살 것인가 플랜 짜고 거기에 맞춰서 지으면 되는 거 같아요. 그 플랜은 건축가가 해줄 수 없는 거고. 내가 10년, 20년 이렇게 살 거라는 플랜이 있어야죠. 그냥 '50평에 방 몇 개, 거실은 넓어야 되고, 알아서 해 주세요' 그

얘긴 '싸고 예쁘게 해 주세요' 밖에 안 돼요. 요구가 정확하지 않으면 집장사 집이 되는 거예요.

기자 설계자 입장에서도 요구가 정확하고 깐깐한 그런 건축주가 좋으세요?

건축가 설계할 때 건축주에게 숙제를 부탁해 받아요. 그게 없으면 건축가가 땅에 맞게끔 스스로 상상할 수밖에 없어요. 요구가 명쾌할수록 집의 콘셉트는 분명해지고 만족도가 굉장히 높아져요.

기자 건축가는 본인이 생각하는 건물을 실현하고 싶어하잖아요?

건축가 물론 건축가의 희망사항이 있지만, 그게 전부도 아니죠. 제 용어로 '공존을 위한 병치'라는 단어를 써요. 이것도 죽지 않고 저것도 죽지 않고 같이 사는 방법을 고민한다는 얘기죠.

상가주택이 주거와 수익을 보장할 수 있는 보물단지로 여겨지고 있지만, 완공 이후 성패는 반드시 갈린다. 상가주택 가운데는 1~2년이 넘도록 상가가 비어 있는 경우도 많으니 말이다. 망원동 모퉁이집처럼, 적어도 나의 가족과 나의 동네, 건물주와 임차인이 같이 잘 사는 방법을 고민하는 상가주택을 개발한다면 '성공'에 기울지 않을까.

CASE 2
동교동 UFO

임대사무실+자가주택+복층임대주택
땅의 한계를 넘어
수익률을 최대화하다

층별 공간

6층 임대주택
복층집의 위층 3가구

5층 임대주택
마당 있는 복층집의
아래층 3가구

4층 주인세대
거실, 주방, 안방,
욕실, 파우더룸, 서재,
마당, 수돗가

3층 사무실
사무실, 테라스, 화장실

2층 사무실
사무실, 테라스, 화장실

1층 사무실
사무실, 로비,
엘리베이터, 주차장

지하 1층 사무실
사무실, 화장실,
선큰가든

동교동 UFO

위치
서울 마포구 동교동 179-19

건물구성
지하 1층~3층 임대사무실+4층 자가주택+ 5,6층 복층임대주택

용도
공동주택(다세대 4세대)+제2종 근린생활시설(사무실)

개발포인트
- 노후주택 개발로 유지관리비 절감 및 임대수익성 향상
- 노부부의 거주공간에 단독주택의 특성 적용해 삶의 질 향상
- 땅의 한계를 디자인 특성으로 살려 건물의 랜드마크화
- 사무실, 주택 등 홍대 특성에 맞는 임대상품을 조합해 수익률 극대화
- 홍대 유입 젊은층의 주거 욕구를 반영한 복층 설계로 수익률 높임
- 임대주택 전세보증금으로 건축비 전액(9억5천) 충당
- 사무실 월세로 노부부의 노후경제 문제 해결

BEFORE   AFTER

규모
- **대지면적** 235㎡(71평)
- **연면적** 689.35㎡(208평)
- **용적률** 240.17%(법정 200~330%)
- **건폐율** 54.74%(법정 60%)
- **규모** 지하 1층, 지상 6층
- **주차대수** 4대

건축
- **구조** 철근콘크리트 구조
- **설계기간** 2014년 4월~ 2014년 8월
- **시공기간** 2014년 9월~ 2015년 6월

자재·설비
- **내부** 주인세대 : 강마루, 수성페인트, 자기질타일
  임대세대 : 강마루, 벽지, 자기질타일
  근생 : 투명 에폭시(바닥), 수성페인트(벽), 콘크리트 면처리(천정)
  계단실 : 투명 에폭시(바닥), 콘크리트 면처리(벽)
- **외부** 송판무늬 노출콘크리트, 리얼징크, 멀바우목재, T24로이 복층유리
- **가구** 건축주 주문제작

개발비용
- **건축비** 9억5000만원(평당 470만원)
- **기존 구옥 토지 보유**(시세 평당 2400만원)

임대수익
- **임대보증금** 9억8000만원 (기존 구옥 전세보증금 2억)
  20평 전세 3억, 18평 전세 2억8천, 17평 전세 2억7천, 지하 사무실 2천, 1층 사무실 1천, 2~3층 사무실 1억
- **월세 수입(사무실)** 월 900만원 (기존 구옥 월세 수입 없었음)
- **수익률** 7.85%

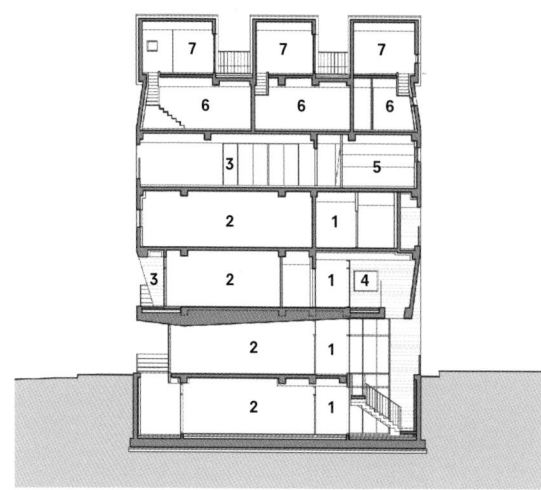

Section

1. 홀
2. 사무실
3. 발코니
4. 화장실
5. 주인세대
6. 임대주택(복층 아래)
7. 임대주택(복층 위)

B1

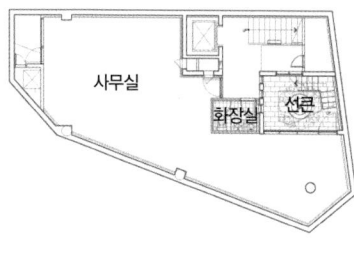

1F

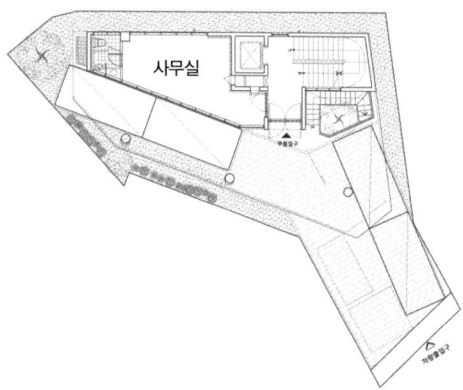

2F

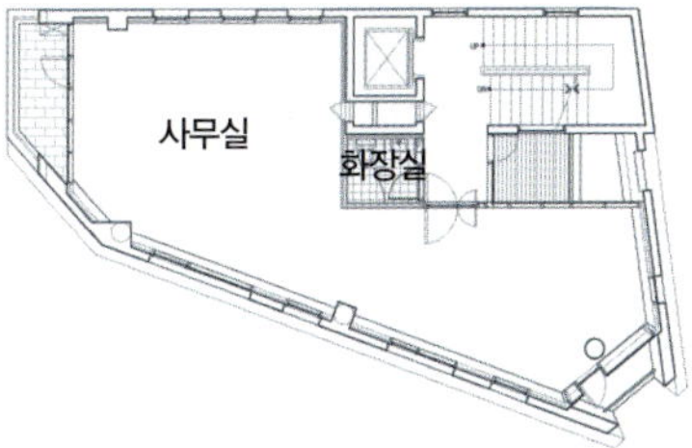

사무실
화장실

3F

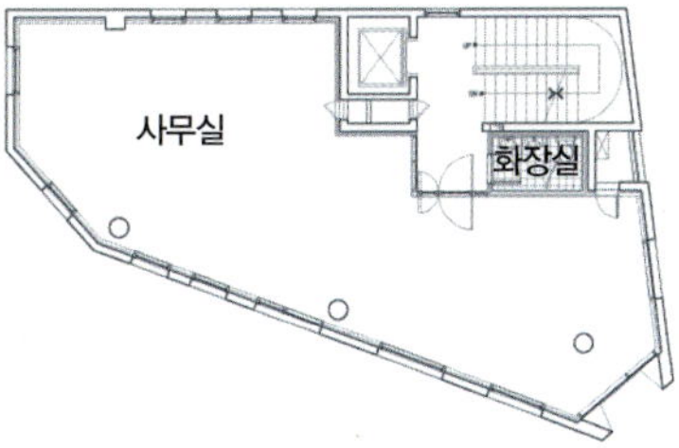

사무실
화장실

4F

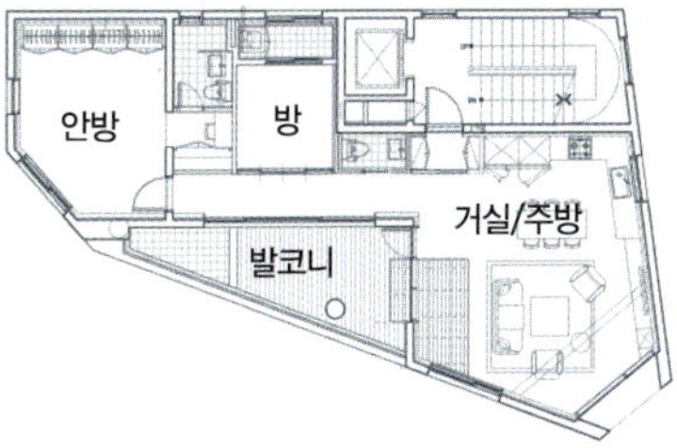

안방　방
거실/주방
발코니

5F

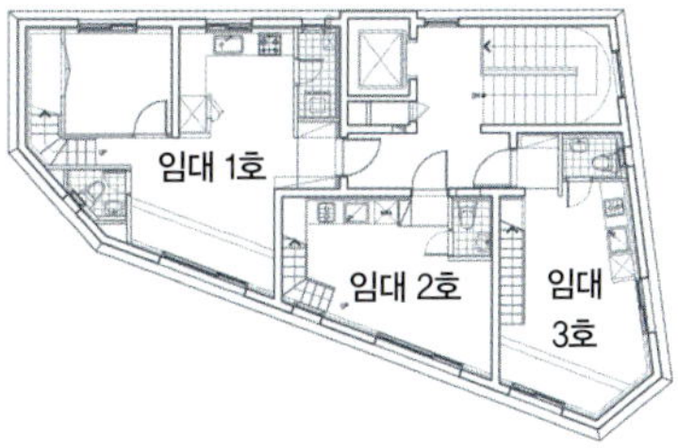

임대 1호
임대 2호　임대 3호

6F

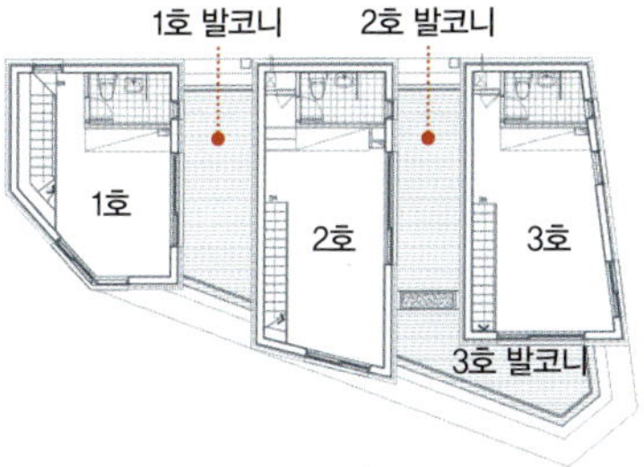

1호 발코니　2호 발코니
1호　2호　3호
3호 발코니

Roof

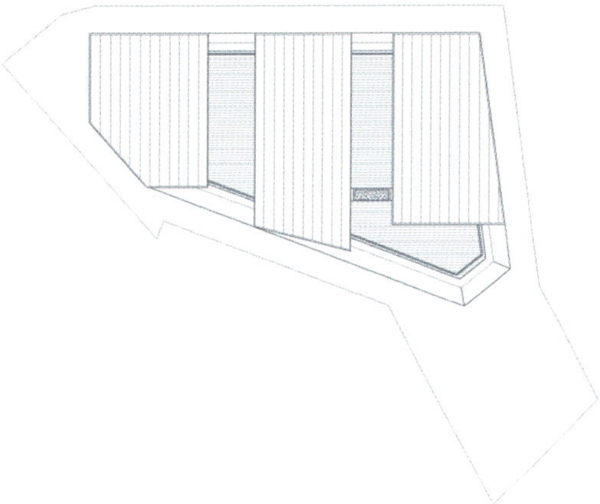

빚 남은 50년 된 단독주택,
신축하기까지 고민이 많았다

"처음 지어진 게 1968년이었고, 우리는 30년 전부터 쭉 살았어요. 이 터에서 자식 키우고 출가도 시켰죠. 큰딸이랑 사위와는 손주 돌보며 같이 살기도 했고. 3층 집이었는데, 당시만 해도 주변 집들 가운데 제일 높았고 조경도 잘해 놓아서 제법 품위가 있어 보였어요."

서울 동교동 김대중도서관 건너편에 있는 노부부의 오래된 3층 단독주택은 2015년 여름, 지하 1층~6층 규모의 새 건물로 탈바꿈했다.

노부부인 건축주의 집은 6층 건물 중에서도 4층에 자리 잡았다. 실내로 들어서면 거실 너머 길쭉하게 뻗은 너른 마당이 인상적인 집이다. 마당 너머의 도시 풍경이 시원스럽다.

"짓기 전까지는 고민이 많았는데, 막상 새로 짓고 나니 참 좋아요. 먼저 집에 살면서 부족하다고 느끼던 게 이 집에는 다 있거든요. 굉장히 편하고 흡족해요."

"이제 운동갈 시간"이라며 나란히 집을 나서는 황혼의 노부부. 낡고 오래된 단독주택을 헐고 지었다는 이 건물의 탄생스토리가 궁금해진다.

부모님의 노후생활을
해결하기 위해 지은 집

70대의 황혼에 접어든 노부부가 어떻게 이런 큰 변화를 수용하게 되었을까. 결론부터 말하자면, 큰딸과 사위가 개발을 책임지겠다고 나서면서다. 사실 노부부는 주변에 높은 건물들이 들어서면서 집이 점점 고립되는 게 못마땅했다. 햇살 좋던 마당에는 그림자가 짙게 드리웠다. 옛집이다 보니 불편한 구석도 한두 가지가 아니었다. 2~3층은 세를 주고 1층에 거주를 했는데, 맞벌이를 하는 큰딸 내외와 두 손주가 함께 살다 보니 집 안은 늘 북적였다. 서예를 취미로 즐기는 아버지는 오롯이 사용할 서재 한 칸이 없는 게 아쉬울 지경이었다.

세입자들의 요구사항에 일일이 대응하는 일도 만만치 않았다. 워낙에 오래된 집이어서 손볼 곳이 계속해서 나타났고, 손을 보고 나서도 문제가 시원스레 해결되지 않아 난감했다.

그런 불편 가운데서도 새 집 지을 엄두를 내지 못한 것은 전적으로 금전적인 이유 때문이었다. 당장 집을 짓자면 임차인들에게 전세보증금도 빼

쥐야 하는데, 이미 은퇴한 노부부의 재정 상황으로는 불가능했다.

결국 큰딸 하해화(45) 씨가 나서서 개발비용을 선투자하고 차차 회수해 가는 조건으로 신축을 결정했다.

딸 결혼 후에도 부모님과 8년 정도 함께 이 집에서 살았어요. 그러다 보니 가까이서 부모님이 겪는 불편과 고충을 고스란히 함께 겪은 거죠. 이 집에 사는 내내 집을 새로 지어드려야겠다는 결심으로 알아보고 다녔어요. 그러니까 이 집이 어느 날 갑자기 지어진 게 아니라는 얘기죠. 몇 번을 시도했다가 이번에 제대로 완성한 거랍니다.

기자 개발비용을 회수할 수 있다고 보신 거죠?

딸 물론이에요. 부모님 집터는 모든 조건이 다 좋아요. 홍대와 신촌이 가까워서 젊은 사람들이 많이 살고 교통도 좋아요. 주변에 오피스도 많고 임대도 잘 나가고요. 개발해도 충분히 수요가 있다는 얘기죠. 그런데 먼저 집은 너무 노후화돼서 말도 안 되는 집세를 받고 임대를 했어요. 20년간 전세보증금 3000만원으로 살다 나간 분도 있으니까요. 또, 그 오랜 세월을 사셨는데 그 집에 여전히 대출이 남아 있었고요. 부모님 노후를 위해서라도 반드시 새 집을 지어서 새로운 수익을 창출해야 했어요.

기자 땅이 악조건 아니었나요? 집으로 들어오는 골목 입구가 좁아서 마치 항아리에 갇힌 것처럼 사방에 건물이 둘러싸고 있는데요. 이런 땅에 집을 짓겠다고 마음먹기가 어렵잖아요?

딸 부모님 말씀도 항상 그거였어요. 땅이 못생겨서 건물 올릴 수 있겠냐는 거죠. 일반적으로 네모반듯한 땅이 좋은 땅이라고 생각하죠. 나는 그렇게 생각하지 않아요. 부정형의 특이한 땅에 더 개성 있는 건물이 올라갈 수 있지 않나요? 오히려 땅의 조건을 잘 활용하면 누구나 지을 수 있는 네모난 건물보다 훨씬 좋은 디자인의 건물이 나올 거라 확신했어요.

기자 길에서 집이 잘 인지가 안 되기도 하고요.

마치 항아리에 갇힌 것 같은
악조건의 땅이었지만,
오히려 그 점을 이용해
더 개성 있는 건물을
올릴 수 있었다.

딸 우린 땅의 전면부가 좁기 때문에 밖에서 건물 전체가 인지가 안 돼요. 그런데 좁

은 시야에서 보이는 뭔가가 더 큰 호기심을 불러일으키잖아요. 그 속에 디자인적으

로 개성 있는 건물을 지어 놓으면 더 많은 관심을 끌 거라고 여겼어요.

2호선 홍대입구역과 신촌역 사이 동교동에 신축한 노부부의 주택은 생긴 모양 자체가 독특해 '동교동 UFO'라는 프로젝트 명칭을 얻었다. 직육면체의 밋밋한 주변 건물들과 달리 특이한 볼륨과 모양을 지닌 건물은 별종처럼 보이기에 충분하다. 사실 '다르게 튀어 보이기'는 처음부터 의도된 전략이었고 전략은 제대로 먹혔다. 이 집은 까다롭다는 마포구청의 건축심의를 순조롭게 통과했다. 같은 기간 심의에 들어간 건물 중 유일하게 아무 조건이 달리지 않은 채 심의위원들의 칭찬 속에 통과된 집이다.

디자인 역발상으로
임대수익 높이기 승부수

지하 1층에서 6층까지, 동교동 UFO에는 사무실과 자가주택, 임대주택이 촘촘하게 들어차 있다. 지하층은 음악실로, 1층은 카페로, 2~3층은 사무실로 임대할 계획을 세웠다.
4층부터 6층까지는 주거공간이다. 4층에 노부부가 거주하고, 5~6층은 복층구조의 전셋집 3세대가 들어가 있다. 물론 엘리베이터가 있어 무리 없이 오르내릴 수 있다.

건축가 처음 소개 받았을 때 부담이 컸죠. 주변에 여러 필지가 에워싸고 있어서 개발하기 어려운 땅이기도 했거니와 지금도 넉넉하지 않았기에 더 고민이 됐죠. 자칫 건축가가 실수하면 안 되겠다 싶어서 많이 긴장한 프로젝트였어요. 숙명까지는 아니어도 내가 이 프로젝트를 받아들여야겠다는 느낌 때문에 시작했습니다.
딸 굉장히 어려운 프로젝트라는 말이 맞아요. 우리 요구 사항이 참으로 많았거든요.

일단 부모님이 거주하셔야 했고요. 임대주택도 넣고 싶었고요. 공사비를 전세보증금으로 충당해야 했으니까 임대주택을 잘 설계하는 일이 가장 중요했죠. 또, 사무실을 임대해서 나오는 월세로 부모님의 생활비가 해결되고 저의 투자비도 회수가 되어야 했어요. 이 네 가지 조건이 다 맞아야 했기 때문에 굉장히 욕심을 많이 부렸어요.

건축가 자금에 맞게 요구사항을 다 맞추고 수익을 거두기 위해서는 설계단계에서부터 실수가 없어야 했어요. 그래서 시장조사도 굉장히 많이 했죠. 이 지역 일대를 일일이 돌아다니면서 임대 수요도 조사하고 실제 임대 상품의 성격과 규모도 확인했어요.

딸 한마디로 동교동 UFO는 시장 조사를 통해 경쟁력 있는 프로그램을 찾아내서 조합한 건물이에요. 홍대에서 원하는 임대주택과 사무실의 조건을 알아보고 적용한 거죠. 사무실의 경우는 천장을 노출하고 바닥에 에폭시 시공을 해서 요즘 트렌드와 잘 맞게 꾸며놓았죠. 또 사무실이라도 휴게공간이 있기를 원했기에 층마다 작은 발코니 하나씩은 꼭 두었어요. 층마다 자연채광이 좋은 건 말할 것도 없고요.

기자 임대세대를 모두 복층세대로 계획한 이유는요?

딸 이 지역은 신혼부부 수요가 많아요. 요즘 신혼부부 중에서도 아파트가 아닌 주택에 살기를 원하는 이들이 많고요. 그래서 3세대를 다 복층으로 지었어요. 전용면적은 제일 큰 집이 20평, 나머지가 18평, 17평이에요. 집집마다 다 독립적인 테라스가 있어서, 이웃의 간섭이나 시선을 받지 않고 사용할 수 있어요. 작은 단독주택에 사는 거나 마찬가지죠. 최상층에 있기 때문에 전망도 좋고요.

기자 전세보증금은 얼마나 받았나요?

딸 20평 복층주택 전세보증금으로 3억을 받았어요. 처음 찾아온 신혼부부가 딱 보는 순간 하나도 깎지 않고 계약금을 냈어요. 어떤 부동산에서는 전세보증금 2억이 넘어가면 안 나간다고 그랬어요. 그 정도 돈이면 아파트에 들어가려 하지 다세대주택에 왜 들어가겠느냐고요. 그런데 우리 집은 아파트와 조건이 완전히 다르죠. 지리적으로 위치가 높아서 전망도 좋은 데다, 복층집에 자기 마당이 있고, 욕실이 2개나

아파트를 대신할 만큼 단독주택의 장점을 잘 살려
임대 경쟁력을 높인 전셋집.

되요. 냉장고까지도 빌트인했고요. 신혼부부는 혼수비용이 줄어들었으니 소파를 더 좋은 제품으로 사겠다고 하더군요. 아파트와는 비교할 수 없는 조건이라면서요. 사람이 생각하기 나름이에요.

기자 나머지 복층주택도 잘 나갔나요?

딸 18평짜리가 2억8천, 17평짜리가 2억7천에 계약됐어요.

기자 전세 보증금만 8억5천이 들어왔네요.

딸 건축비를 충당하기 위해서 주택은 전세로 설정했지만, 나머지 사무실은 모두 월세예요. 디자인회사에서 2~3층을 통으로 임대하겠다고 해서 보증금 1억에 월세 700만원으로 계약했어요. 지하층은 보증금 2000만원에 월세 150만원이고요. 1층은 조금 면적이 작아서 보증금 1억에 월세 50만원이 나와요. 사무실 월세만 월 900만원이 나오는 구조예요.

기자 건축가가 사업 초기에 예상한 사업수지분석표에는 월세를 월 600만원 정도로 예상했던데요. 900만원이면 꽤 큰 차이에요.

딸 저는 동교동 시세나 우리 건물 사무실 환경으로 보면 더 받을 수 있을 거라고 확신했고 자신이 있었어요. 월세 수입 중 일부는 부모님 생활비로 쓰고 나머지는 대출

지역 시장조사를 철저히 해 천장과 바닥, 발코니 등에 공을 들인 사무실.

금과 이자를 갚아 나가면서 충분히 투자비를 회수할 수 있는 수입 규모가 되었어요.

기자 총 개발 비용은 얼마나 들었나요?

딸 건축비가 9억5000만원 들었어요. 결과적으로는 이 건물에서 보증금이 총 9억 8000만원 나왔으니까, 건축비보다 많은 돈이 들어온 거죠. 그런데 기존 구옥에 살던 세입자들을 내보내며 전세금을 빼준 게 있어요. 모두 2억 정도 되는 돈을 제가 다 내줬거든요. 그 돈까지 계산했기 때문에 초기 개발자금이 빡빡했죠.

기자 최종적으로 수익률이 7%가 넘어섰어요. 이것도 건축비 9억원 가량을 대출받았을 때 이자까지 가정해서 나온 수익률이죠. 안 되는 걸 되게 한 것 같아요.

딸 주변에서 다들 그렇게 말했어요. 그렇지만, 사실 안 되는 게 어디 있겠어요. 방법을 찾으면 다 있어요. 부모님 생각하면 더더욱 길을 찾아야 했죠. 부모님이 우리 아이 둘을 다 길러주셨잖아요. 제가 노후를 대비해드려야죠.

깊은 이해와 충분한 소통이
가능하게 한 일

딸이 끝까지 설계에 개입해서 고치고, 또 고친 공간이 있다. 바로 부모님의 거주공간, 4층이다. 큰딸 하 씨는 70평생을 단독주택의 삶에 익숙해진 부모님께 새 집이 가혹한 집이 되어서는 안 된다고 생각했다. 부모님의 입장에서 들여다보고 고치기를 반복한 이유다.

그 때문인지 노부부의 만족도는 한없이 높다. 그중 노부부를 가장 만족시키는 공간은 너른 거실 너머로 뻗은 마당이다. 건물 4층에 걸려 있는 마당은 의외의 공간감을 선사한다. 뾰족한 삼각형 모양으로 길게 펼쳐져 여러 기능을 수행한다. 전망대가 되어주기도 하거니와 평생 마당 있는 집에서 살아온 노부부의 생활들을 수용하는 공간이기도 하다.

거실의 구조도 독특하다. 마당과 연계되는 부분에 툇마루처럼 단을 높여서 마루를 설치해 놓았다. 평소에는 마루로 사용하다가 제사 때만 제단으로 사용한단다. 주방의 아일랜드 식탁과 주변을 둘러싼 보조식탁도 넉넉한 규모를 자랑한다. 8남매의 장손으로서 평생 제사 올리는 행위를 중요한 과업으로 여겨온 아버지와 어머니의 삶이, 새 집에서도 고스란히 이어지도록 배려한 흔적이다.

아버지 처음엔 내가 머물 곳을 4층에 둔다고 하기에 답답할까봐 걱정이 되어 싫더군요. 그런데 막상 입주해서 살아보니 우리 정서를 많이 생각해서 집을 꾸며 놓았지 뭐예요. 어릴 때 자라던 시골집 마당을 그대로 옮겨 놓은 듯한 느낌도 나고, 전원주택 느낌도 나서 기분이 좋아요.

어머니 마당에 장독대도 만들고 가지고 있던 수석으로 화단도 만들었어요. 마당 끝에는 수도를 놓고 빨래터라고 이름 지었죠. 저는 빨래터가 제일 좋아요. 여기서 아침마다 세수도 하고 이도 닦고 동네도 내려다보고 그렇게 하루를 시작해요.

아버지 노을이 질 때면 더 행복한 기분이 들죠. 진한 커피 한 잔 하면서 난과 대화하다 보면 1~2시간이 후딱 지나요. 지금보다 밤 풍경이 더 아름다워요. 밝은 달이 보일 때도 있고. 내가 무릉도원에 사는 기분이에요. 사실 먼저 집에서는 내가 사용할 공간이 없었어요. 2~3층은 세로 내주고 1층만 사용했는데, 그리 넓은 집이 아니어서 말이죠. 지금은 집 한가운데에 내가 바라던 서재가 있어서 얼마나 좋은지 몰라요.

딸 아버지는 평생 단독주택에 사셨어요. 마당에서 많은 생활을 했기 때문에 특별한 집이 필요했죠. 8남매의 장손이신 아버지에게 제사는 매우 중요한 행사예요. 제사 때 쓸 생선을 한 광주리씩 마당에서 말리고 김장도 했고요. 여름이면 마당에서 손주들 물놀이도 시키는 낙으로 사셨기에 이런 생활이 유지될 수 있는 집이어야 했어요.

1 마당과 연계되는 부분에 툇마루처럼 단을 높여
설치한 마루. 2 햇살과 전망이 좋은 긴 마당을
복도와 접하게 해 개방감이 좋다. 3 단독주택에
살던 건축주의 생활이 반영된 마당 끝 빨래터.

우리 집 주변이 다 단독주택이었잖아요. 그런데 헐고 다시 건물이 올라가면 마당이 사라지잖아요. 부모님이 사시는 공간에서도 단독주택에서 누렸던 것을 포기하는 게 아니라, 다 누리게 하고 싶었어요.

건축가 부모님 생활공간이 한 층에 불과한데, 이 한 층에 단독주택에서 할 수 있는 모든 행위를 계산해서 담아 낸 거죠. 햇살과 전망이 좋은 긴 마당을 복도와 거실, 주방에 접하게 했더니 집 안에 있을 때도 개방감이 좋아요. 그 마당은 제법 크기가 커서 다양한 활동을 할 수 있고요.

기자 부모님 집을 왜 4층에 뒀나요?

딸 노인들이 맨 위층에 거주한다고 생각하니 전체 건물에서 고립된 거예요. 아래층 사람과 부딪힐 일이 없잖아요. 4층에 계시면 위층의 젊은 세대들이나 사무실의 젊은이들과도 마주치곤 하면서 교류하게 되잖아요. 우리 부모님은 삶의 경험이 많은 노인이니까 서로 주고받는 것이 존재할 것이라고 생각했어요. 서로 안전에 대해 감시할 수 있는 부분도 있고요. 오히려 노인 분들은 젊은 사람과 마주치는 게 좋아요.

기자 나도 부모님께 이런 집 지어드리고 싶다는 분께 조언 좀 해주세요.

딸 집 잘 지었다는 기준이 뭐겠어요. 우리 부모가 편히 잘 생활할 수 있는 집이라는 기준으로 판단한 거예요. 친구가 부모님 집 짓고 싶다기에, 많이 생각하라고 했어요. 부모님 집 짓고 싶다면 부모님에 대해서 깊이 생각하고, 자기 집 짓고 싶다면 자기 생활에 대해 세세히 생각하라고요. 충분한 생각이 진행된 후에 그 생각을 현실화해 줄 수 있는 건축가를 만나면 된답니다.

동교동 UFO는 부모에 대한 깊은 이해를 지닌 큰딸의 효심이 빚어낸 결과물로 보인다. 그녀는 10여 년 가까이 부모님의 집을 어떻게 지을 수 있을까 고민하고 정보를 수집하고 직접 찾아간 건축가만도 여럿이다. 그녀가 행복한 집짓기를 마무리할 수 있었던 진짜 힘은 바로 '이해'와 '소통'이었다. 건축 기간 내내 부모님의 요구와 궁금증을 일일이 해소시키고 다시 전문가에게 전달하는 코디네이터 역할을 해 준 사람도 큰딸이다. 부모의 노후생활을 좀 더 풍성하고 편안하게 가꿔 드리고 싶었던 그녀의 의지가 부족했다면 벅차기만 했을 집짓기였다.

CASE 3
상도동 반달집

자가사업장+자가사무실+자가주택
일터와 주거의
공존을 꾀하다

층별 공간

3층 주인세대
자녀방, 화장실,
마당, 바비큐장

2층 주인세대
치료방, 거실, 주방,
화장실, 안방,
드레스룸

1층 사무실
사무실, 냉동창고,
포장실, 주차장(2대)

지하 1층 작업장
주방, 냉동창고,
화장실

상도동 반달집

위치
서울 동작구 상도동 214-105

건물구성
지하 1층 자가작업장+1층 자가사무실 + 2,3층 자가주택

용도
단독주택+근린생활시설

개발포인트
- 못생긴 땅을 저렴하게 구입해 개발이익 높임
- 부부의 일터와 자가주택의 공존 꾀함
- 지하 작업장과 1층 사무실 자가 사용. 연간 임대료 4000만원 절감
- 사업장과 주택의 진입동선을 효과적으로 분리
- 옥상에 마당을 두어 좁은 땅을 효율적으로 사용

[BEFORE]

[AFTER]

규모
- **대지면적** 175㎡(53평)
- **연면적** 290.64㎡(88평)
- **용적률** 107.17%(법정 200%)
- **건폐율** 55.98%(법정 60%)
- **규모** 지하 1층, 지상 3층
- **주차대수** 2대

건축
- **구조** 철근콘크리트 구조
- **설계기간** 2014년 3월~2014년 6월
- **시공기간** 2014년 7월~2014년 1월

자재 · 설비
- **내부** 주인세대 : 폴리싱타일, 강마루, 수성페인트, 자기질타일
  근생 : 투명 에폭시(바닥), 수성페인트(벽), 콘크리트 면처리(천정)
- **외부** 전벽돌, 스터코, 리얼징크, T24로이 복층유리
- **가구** 건축주 주문제작

개발비용
- **토지매입비** 4억7500만원(평당 900만원)
- **건축비** 4억원(평당 450만원)
: 총액 8억7500만원

수익성
- 사업장 임대료 절약 효과(2014년 기준 연4000만원)
- 연간 임대료 상승분 절약 효과
- 2~3층 자가 주택 사용 효과

그들은 어떻게
상가주택을 지었을까?

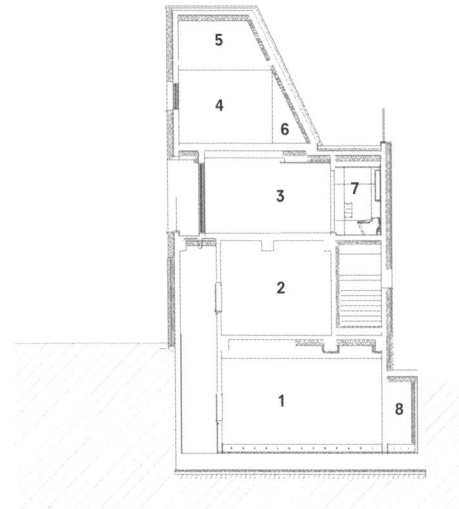

Section

1. 제조업소
2. 포장실
3. 거실
4. 방
5. 다락
6. 붙박이장
7. 욕실
8. 창고

B1

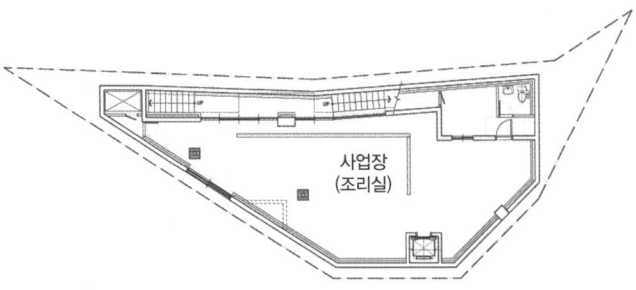

사업장
(조리실)

1F

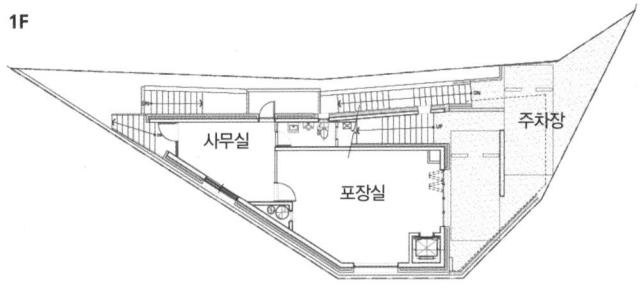

2F

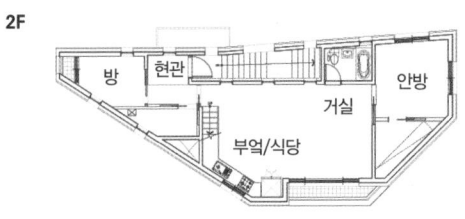

3F

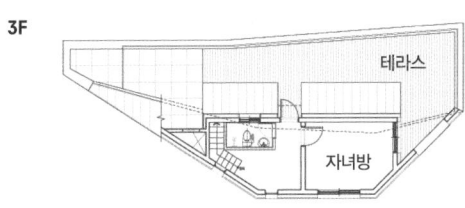

Roof

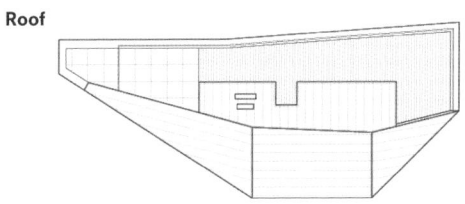

**"사업장 임대료 내느니
내 집에서 일하자,
마음먹었죠."**

서울 동작구 상도동 214번지 일대는 오래된 붉은 벽돌주택과 네모 상자 같은 연립주택이 얼키설키 모여 복잡한 실루엣을 이루고 있는 동네다. 조창윤(46)·곽은실(46) 부부의 집터 뒤로는 고층아파트까지 들어서 있다. 이들 부부가 척 보기에도 형태가 개운치 않은 삼각형 터에 집을 짓고 살겠다고 결심한 건 2014년 초다.

"처음 봤을 때 이렇게 생긴 땅도 있구나 싶었죠. 거의 삼각형에 가까운 모양을 하고 있어서, 어떻게 집을 지을 수 있을지 의아했고요. 모양도 그런데다 땅 크기도 55평이라 무언가 애매했어요. 주변 사람들이 모두 다 사지 말라고 뜯어말렸고 말고요. 부동산에 내놓은 지 10년이 넘었는데 매매가 되지 않았던 집이라면서요."

남들이 마다하던 못생긴 땅을 선택해 주거와 일터가 공존하는 근사한 복합건물을 완성해낸 40대 중반의 부부. 결코 순탄치 않았을 부부의 집짓기를 만나본다.

불리한 땅도
내 몸에 맞추면
살릴 수 있다고?

부부에게 있어 일터와 주거공간의 합일은 매우 중차대한 과제이자 소망이기도 했다. 71년생 동갑내기 부부는 98년 무렵인 20대 후반의 나이에 제사상차림 전문회사를 국내 최초로 창업해서 줄곧 운영해왔다.

당시 모두가 뜯어말리던 사업이었지만 숱한 우여곡절을 거쳐 자리를 잡았고 인정도 받고 있다. 문제는 나이가 들어갈수록 일터와 주거공간이 떨어져 있는 데 대한 불편함이 크게 엄습한다는 점이었다.

아내 새벽부터 음식을 만드는 게 매우 고된 일이에요. 젊을 때는 집과 일터를 오고 가는 데 큰 불편을 못 느꼈는데, 갈수록 힘이 드네요. 더구나 기존 일터가 많이 노후화돼서 리모델링을 하든지 사업장을 옮기든지 해야 하는 시점이어서 고민이 많이 됐죠.

남편 문제는 그뿐이 아니었어요. 임대료도 자꾸 올라서 연간 지출하는 사업장 임대료만 4000만원 수준이었어요. 리모델링까지 하자면 엄청난 비용이 필요하겠더라고

주거와 일터의 공존을 꾀한 상도동 반달집의 1층 입구

어느 위치에서 보는가에 따라
모양이 다양해서 동네 경관에도
반전의 묘미를 선사한다.

그들은 어떻게
상가주택을 지었을까?

요. 손익계산을 해 보니, 살고 있는 아파트를 팔아서 그 돈을 종잣돈 삼아 일터와 집을 합치자는 결론에 다다르더군요.

아내 그런 생각이 든 이후로 한 달간 매일 같이 땅 보러 상도동 일대를 돌아다녔어요. 그런데 이미 오를 대로 오른 땅값은 도저히 감당할 수 없는 수준이지 뭐예요. 그러다 만난 못생긴 삼각 모양 땅이 지금의 집터예요. 그나마 주변 시세보다 40% 가량 낮은 가격이어서 우리 처지에서 구입할 여력이 되더군요.

남편 이 땅에 건축만 할 수 있다면 더없이 좋은 기회의 땅이 될 수 있겠다 싶었죠. 그래서 땅 지번을 들고 여기저기 건축사사무소를 돌아다녀 봤는데, 모두 고개를 젓는 거예요. 이런 땅에는 집이 들어서기 곤란하다는 거였죠. 그러다가 건축가와 함께하는 집짓기 모임이 있다는 걸 알게 되어 참여하면서 가능성을 보게 됐어요. 아무리 못생긴 땅이라도 우리 부부에게 필요한 공간 정도는 만들 수 있겠다는 확신이 들어서 땅을 구입한 겁니다. 만약 모두가 선호하는 일반적인 건축을 하려고 했다면, 이 땅으로는 불가능했겠죠.

일터와 공존하는
살림집을 만들다

삼각형 모양의 땅은 윤곽을 그대로 활용하자 평면적으로 반달 모양의 집이 되었다. 가장 큰 골칫거리는 아파트와 마주보고 있는 북쪽 입면에 적용되는 일조사선 제한이었는데, 이 때문에 건물 3층부터는 일정거리를 물러서야 했다.

건축가는 일조사선이 만나는 선과 도로쪽 사선이 만나는 선을 이용해 다이내믹하면서도 개성 있는 건물 형태를 만들어냄으로써 못생긴 땅의 한계를 극복했다.

그러면서 도로와 접하는 1층은 전벽돌로 마감해서 도로나 북쪽의 아파트 담장과 대응하게 만들고, 2~3층은 흰색 스타코로 마감해서 밝은 반달집 이미지를 느끼게 했다. 어느 위치에서 보는가에 따라 모양이 다양해서 동네 경관에도 쏠쏠한 재미와 반전을 선사하는 집이 되었다.

아내 동네가 환해졌다는 칭찬을 많이 들었어요. 주변을 보면 아시겠지만, 대부분 건물이 어두운 색상이에요. 더구나 모퉁이에 길게 자리 잡고 있어서 이쪽 길 저쪽 길에서 다 잘 보이는 건물이라 더 눈에 띄는 것 같아요.

기자 땅도 특이하지만 건물 모양도 특이해서 건물을 보면 궁금증이 생겨요. 어떤 공간이 들어가 있을까 상상의 나래를 펼치게 되네요.

남편 건물은 크게 두 영역으로 나뉘어요. 지하 1층과 지상 1층에는 제례음식 사업장이 있고요. 우리 부부의 일터죠. 그리고 2~3층에 걸쳐 살림집이에요. 우리 부부와 아들, 세 식구가 삽니다.

건축가 좁은 땅에서 일터와 살림집이라는 각각 다른 성격의 두 영역을 구성하는 전략으로 선택한 요소는 바로 계단실이에요.

기자 그렇지 않아도 길에서 보면 외부에 노출된 계단이 참 많이 보여요. 땅 모양이 반달형인 데다 경사까지 있어서 계단도 높낮이가 다르게 느껴지고, 오히려 재밌는 요소가 되고 있는 것 같습니다.

건축가 이 건물에는 다채로운 계단실이 자리 잡고 있죠. 어떤 집보다도 계단이 많은 역할을 하는 집이에요.

기자 건물로 들어가는 길도 여러 갈래인 것 같고요.

건축가 크게 세 갈래 길이 있어요. 길과 넓게 접하는 1층 부분을 필로티로 만들어 개방감을 준 다음에, 여기서부터 세 갈래 길을 냈어요. 첫째는 1층의 사무실과 포장실

일터와 살림집,
각기 다른 두 영역을
나누는 전략으로 택한
다양한 계단실들

가장 오래 머무는 일터의 환기와 채광에 각별히 신경을 썼다.

로 들어가는 입구이고요. 두 번째는 2층 살림집으로 올라가는 길(계단)이에요. 마지막으로 지하층 조리실로 내려가는 길(계단)도 필로티에서 시작해요.

기자 일터 중에서 가장 마음에 드는 공간은 어디인가요?

아내 가장 오랜 시간 머무는 조리실이에요. 새벽부터 분주하게 돌아가는 공간이죠. 북쪽 계단실을 선큰으로 만들어서 지하공간에서도 자연환기와 자연채광을 모두 누리게끔 해준 점이 너무 좋아요. 예전에는 창 한 칸 없는 지하공간에서 음식을 만드느라 늘 강제 환기를 시켜야 했거든요.

남편 저는 1층에 음식 포장실과 사무실을 분리해 놓은 점이 마음에 들어요. 손님들을 깨끗하고 정돈된 분위기에서 맞이하니까 상담도 잘 되고 서로 좋은 것 같아요.

집의 앞과 뒤, 어느 곳에서나 빠르게 드나들 수 있도록 양갈래 계단길을 부여한 지하 1층 조리실. 직접 들어가 보니 땅속 공간임을 느낄 수 없을 정도로 쾌적하고 공기가 보송하다. 편안하고, 냄새 없고, 밝으면서도 기능적이고 넓은 일터는 부부의 노동 강도를 한결 부드럽게 만들어주기에 충분해 보인다.

그들의 집,
휴식과 취미생활을 위한
아지트

작업환경만큼이나 상층부 살림집에 대한 부부의 만족도도 높다. 살림집은 반달모양의 평면 윤곽을 이용해 개성 있는 공간으로 완성됐다.

건물 2층에서 시작되는 살림집은 거실과 주방, 안방이 일렬로 구성되어 개방감이 좋다. 일종의 3베이 구조다. 특히 남쪽으로 자리 잡아 햇살을 가득 머금은 거실이 중심을 잡아준다.

고된 노동으로 인해 몸이 불편해진 아내를 위해 만든 치유의 공간도 있다. 현관 옆에 치료실이자 쉼터로 사용되는 방이 붙어 있는데, 쑥뜸 냄새가 그윽하다. 거실과는 반대편에 위치해 있어 필요에 따라 손님방으로 독립적인 사용이 가능하다.

천장을 높게 디자인한 3층은 아들 상엽(18)이의 방과 욕실이 있고 넓디넓은 옥상마당으로 나설 수 있게 되어 있다.

아내 집과 일터가 분리되어 있을 때는 잠깐씩 쉬러 집에 들르는 게 힘들었죠. 저녁이면 집에 들어와서 뻗어버리기 일쑤였어요. 지금은 이렇게 작업장 위에 바로 치료실이 있으니까 짬을 내서 몸 관리하기 좋아요. 조리실에서 함께 일하는 분들도 같이 올라와서 쉬었다가 내려가기도 하고요.

건축가 외부 사람들도 같이 쓴다고 하길래 집 현관에서 동선을 나눠버렸어요. 거실 쪽 문을 닫으면 집 안으로 가는 시선이 아예 차단되게끔요.

아내 쑥뜸을 많이 뜨는데, 냄새가 심하거든요. 치료실 끝에 테라스를 매달고 맞통풍이 되도록 작은 창도 내주셔서 금세 환기를 할 수 있어요. 거실 쪽 문을 닫아놓으면 냄새도 차단되고요. 이것저것 신경 안 쓰고 마음껏 뜸 뜰 수 있는 집이, 아마도 드물죠?

기자 옥상에 꽤 넓은 마당이 있는 것도 특이해요.

건축가 이 집은 실사용 면적이 협소해요. 그래서 2층까지는 모두 내부면적으로 사용하고 일조사선으로 생기는 3층 테라스를 넓은 옥상 마당으로 조성한 거예요.

아내 우리 가족이 취미가 참 많거든요. 캠핑카를 소유하고 수년간 캠핑을 다닐 정도로 캠핑 마니아고요. 옥상이 넓어서 텐트도 마음껏 치고 캠핑을 대신하고 있어요.

거실과 주방, 안방이 일렬로 구성되어 개방감이 좋은
살림집 구성. 남쪽의 큰 창으로 햇살이 쏟아진다.

남편 그냥 버려두기 쉬운 옥상을 좀 더 적극적인 취미활동의 장소로 만들어보자고 했죠. 불 피울 수 있는 화로대도 설치했어요. 돌을 깔아서 불씨가 튀지 않도록 해 놓았더니 운치 있게 쓰네요.

아내 캠핑뿐인가요. 가족 모두 카약이나 보드, 자전거 등 아웃도어 활동도 무척 좋아하고요. 와인도 좋아해서 70병이 들어가는 와인셀러도 있었고요. 영화 보는 것도 즐기고요. 이런 취미사항들을 건축가분에게 일일이 다 적어드렸더니 수납공간도 많이 계획해 주시고 근사한 옥상마당도 만들어 주셔서 잘 활용하고 있어요.

남편 이전 집에 길이가 1m가 넘는 해수어항을 두고 산호를 키우는 취미도 있었어요. 거실을 계획할 때 반영한 덕분에 그대로 옮겨와서 취미생활을 지속할 수 있어 좋네요.

기자 옥상 마당의 바닥 처리를 달리한 것이 보이네요.

아내 쓸모에 따라서 달리했어요. 장독대로 쓰는 마당의 바닥은 노출해 두었어요. 나머지는 데크를 깔고요. 우리는 제례음식에 필요한 새우젓갈이나 간장을 직접 담가서 쓰기 때문에 장독대가 필수적이에요.

기자 아드님 방은 혼자 쓰기에 꽤 넓어요. 다락방까지 있고요.

아내 아들 방은 조금 크게 해서 혼자 생활하는 데 불편함이 없었으면 했어요. 대안학교를 다녔는데 중학교를 졸업한 후에는 집에서 홈스쿨링으로 대학입시를 준비하고 있거든요. 집에 있는 시간이 많다 보니 충분한 공간이 필요하죠. 아이 방에서 옥상마당으로 곧장 나갈 수 있는 문도 만들어 달라고 했어요.

어떤 집에서 살고 싶은지, 깨알같이 적었다

부부의 집은 '어떤 집에서 살고 싶나요?'라는 건축가의 물음에 깨알같이 적어낸 답안지의 결과물이다. 지하 1층 조리실은 일일이 필요한 설비의

1 캠핑을 즐기는 가족의 취향을 반영한 옥상마당
2 집에 있는 시간이 많은 아들을 배려한 공간, 다락방

그들은 어떻게
상가주택을 지었을까?

위치와 규모까지 알리고, 환기와 출입문의 크기, 수도꼭지의 위치까지도 적었다. 그동안 작업을 하면서 크고 작게 느끼던 불편과 어려움을 모두 반영한 '희망 설비와 구조'에 관한 요구사항이 설계에 모두 담겼다.

2~3층 주택 역시 공간을 실제 어떻게 사용할 것인지, 무엇이 필요한지, 어떻게 살고 싶은지 일일이 기술했다. A4용지에 빼곡하게 적은 위시리스트가 4페이지에 달한다. 부부가 제출한 이 많은 요구사항을 어떻게 버무려냈을까 놀라울 정도다.

기자 그럼에도 불구하고, 땅의 형태 때문에 포기한 부분이 있지 않을까요?

아내 다른 건 다 만족스럽게 적용됐어요. 이런 모양의 집도 쓰고 싶은 대로 지을 수 있다는 데 놀랐어요. 다만, 주방가구의 경우 상부장 설치를 포기했어요.

남편 집에 맞게 불필요한 공간의 크기를 줄여나갔죠. 그렇다고 공간이 좁다거나 부족하다고 느껴지는 부분은 없어요. 오히려 제한된 조건에 잘 대응한 것이 좋은 건축물을 만들어낸 것 같아서 뿌듯해요.

기자 집 짓는 데 가장 힘들었던 점은 무엇인가요?

아내 보시다시피, 우리 집은 직각인 벽이 한곳도 없을 정도로 사선으로 둘러싸인 집이에요. 땅의 모양에 따라 형태를 예쁘게, 실용성 있게 만들어내자니 어쩔 수 없는 선택이었죠. 그러다 보니 골조를 완성하는 데만 6개월이 걸렸어요. 지하를 파내고 기초를 단단하게 하는 데도 오랜 시간을 들였고요. 일을 하면서 거의 매일 현장에 드나들었어요. 집을 지을 때 현장에서 결정할 것들이 의외로 많다는 것도 알았죠.

기자 비용은 얼마나 들었나요?

아내 총 건축비는 4억원이 들었고, 토지는 평당 900만원 선에 매입했어요.

기자 수익률은 얼마나 될까요?

남편 우리에게 수익률 계산은 의미가 없어요. 사업수지분석표 이런 것도 필요 없었죠. 이미 살고 싶은 집과 편안하고 기능적인 일터를 모두 얻었으니까요. 당장은 집 지으면서 발생한 빚이 남아 있지만, 차차 갚아나갈 수 있는 수준이어서 걱정 없습니다. 연간 나가던 사업장 임대료(약 4000만원)가 고스란히 절약되잖아요. 10년만 사용해도 4억 건축비가 고스란히 나와요. 먼저 쓰던 사업장은 리모델링을 해야 할 정도로 노후되어 있었기 때문에, 그 비용까지 생각하면 엄청난 절감이죠.

아내 흔히 장사도 내 땅에서 해야 남는다는 말을 하잖아요. 남의 집을 빌려서 장사하려면 언제 오를 줄 모를 임대료 상승에 대한 걱정도 크고요. 건물 하나를 온전히 우리의 살림집과 일터로만 사용하는 점도 의외로 편해요. 동선도 필요한 대로 만들고 불필요한 공간도 과감하게 생략할 수 있고요.

기자 이런 주택을 지으려는 예비건축주들에게 당부하고 싶은 말이 있다면요?

아내 지금 계획을 잘 세워야 해요. 땅 사서 집짓기까지 현금이 계속 필요하거든요. 생각지 못하고 있다가 대출 이자와 각종 세금 폭탄을 맞고서 아찔해 하는 경험도 해요. 건축 기간을 잘 설정해서 돈이 나가는 흐름을 계획해야 하죠. 또 공사하다 보면 욕심이 생기기도 하고 수정하고 싶은 부분도 있거든요. 여기에 대비해서 반드시 예비비를 마련해 두라고 말해주고 싶어요.

남편 무엇보다 설계를 잘 하라고 당부하고 싶네요. 좋은 집의 토대는 설계라는 것을 경험했어요. 시공업체도 잘 만나야 하는데, 설계도면을 잘 수용해주는 시공사를 골라야 완성도 좋은 집이 나오는 것 같아요.

아내 우리는 진심으로 설계자나 시공자를 협력자로 생각했어요. 여름 내 콘크리트 골조작업을 하는 일꾼들을 위해 얼음물을 얼려서 보냈고, 매일 간식도 직접 준비해서 전달했죠. 일꾼들을 진심으로 대하면 요구하지 않아도 알아서 해주는 부분이 있어요. 서로가 원하는 것을 들어주고 양보도 해야 좋은 결과가 나온다는 걸 알게 됐죠. 시공사에서 우리 집은 100년 이상 끄덕 없을 집이라고 자부할 정도로, 골조와 단열, 설비에 만전을 기했답니다.

동갑내기 커플로, 사업의 동반자로, 20여 년을 함께해온 이들 부부에게
집짓기란, 젊은 시절 뛰어든 창업만큼이나 어렵고 인내가 필요한 과정이
었으리라 여겨진다. 못생긴 땅을 활용해 특별한 집을 짓고자 했으니 더
욱 그러했던 부분이 크다. 그래도 고단한 건축과정을 지혜롭게 이겨내고
반달집에 입주한 부부는 그 어느 때보다 평온한 일상을 만끽하고 있다.

CASE 4

통영 도마집

상가+원룸·투룸 임대주택+단독스타일 자가주택
**단독주택의 꿈을 실현하면서
수익을 얻다**

층별 공간

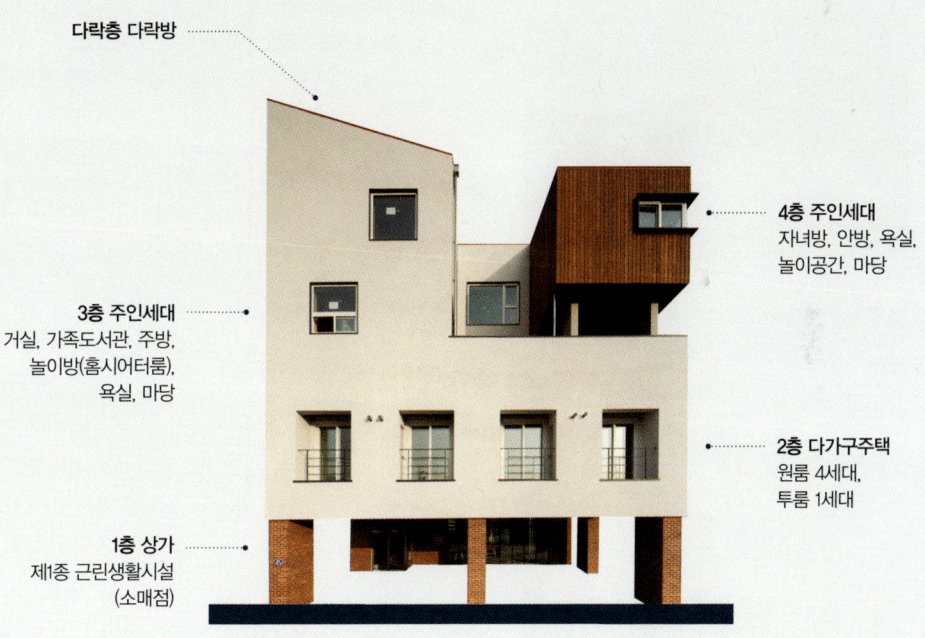

다락층 다락방

4층 주인세대
자녀방, 안방, 욕실,
놀이공간, 마당

3층 주인세대
거실, 가족도서관, 주방,
놀이방(홈시어터룸),
욕실, 마당

2층 다가구주택
원룸 4세대,
투룸 1세대

1층 상가
제1종 근린생활시설
(소매점)

통영 도마집

위치
경남 통영시 광도면 죽림리 401-16

건물구성
1층 상가 + 2,3층 원룸 · 투룸 + 4,5층 자가주택

용도
근린생활시설+다세대주택

개발포인트
- 필지를 2단계에 나눠 순차개발해 부담 낮춤
- 1차 개발을 통해 단독주택 같은 주인세대 구성
- 1차 개발에서 임대주택과 상가를 계획해 사업성 확보
- 2차 개발을 통해 상가와 임대주택 월세 확보

[BEFORE]

[AFTER]

규모
- 대지면적 340㎡(102.85평)
- 연면적 413㎡(124.95평)
- 용적률 124.49%
- 건폐율 49.76%
- 규모 지상 4층
- 주차대수 자주식 7대

건축
- 구조 철근콘크리트 구조
- 설계기간 2014년 2월~2014년 6월
- 시공기간 2014년 7월~2015년 1월

자재 · 설비
- 내부 주인세대 : 강마루, 수성페인트, 자기질타일
  임대세대 : 데코타일, 벽지, 자기질타일
  근생 : 투명 에폭시(바닥), 수성페인트(벽), 콘크리트 면처리(천정)
  계단실 : 투명 에폭시(바닥), 수성페인트(벽)
- 외부 적벽돌, 스터코, 적삼목, 리얼징크, T24로이 복층유리
- 가구 건축주 주문제작, 일부 현장시공 제작

개발비용
- 토지비 3억원(100평)
- 건축비 5억5000만원(평당 440만원)
- 인입비 625만원
- 철거비 2300만원
- 설계 · 감리비 3500만원
- 인테리어 · 가구제작 · 세금 3850만원
  : 총액 9억5275만원

임대수익
- 1층 근생 보증금 1000만원_월세 70만원

• **2층 원룸(4세대)** 보증금 2000만원(세대당 500만원) 월세 180만원(세대당 45만원)
• **2층 투룸(1세대)** 보증금 9000만원(전세)
• **토지비 환산 수익률** 5.16% (전체 토지비 대출 6억에 3% 이자를 가정)

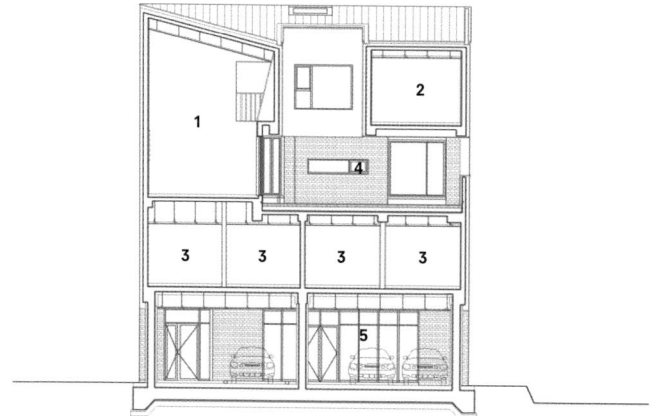

Section

1. 거실
2. 안방
3. 원룸
4. 마당
5. 상가

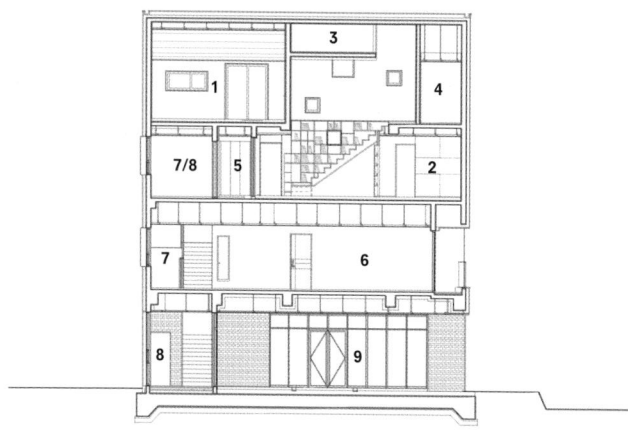

Section

1. 자녀방	6. 복도
2. 주방	7. 계단실
3. 다락	8. 홀
4. 화장실	9. 주차장
5. 현관	

1F

데크 쉼터

상가

주차장

2F

방1

거실

방2

원룸1 원룸2 원룸3 원룸4

3F

놀이방

놀이
마당

가족실

거실

마당

4F

하늘마당

자녀방

공부방

안방

Roof

다락

동트리오 삼형제의
'도서관과 마당이 있는 집'

"첨벙첨벙, 우하하."

문을 열고 들어서니 아이들 물장구 소리가 대번에 들린다. 겉에서 보면 단정하게 생긴 모던한 느낌의 상가주택인데, 3층 주인집으로 들어서니 의외의 공간들이 펼쳐진다. 마치 단독주택 마당처럼 넓디넓은 공간이 집의 정중앙에 움푹하게 자리 잡고 있다. 그곳에 놓인 튜브수영장에서 초등학생쯤 되어 보이는 남자아이 둘이 물놀이 삼매경에 빠져 있다.

주방을 거쳐 평상마루에 나서자 아이들의 놀이터가 한눈에 들어온다. 튜브수영장 옆으로는 평상마루를 중심으로 의자와 식탁, 해먹과 바비큐시설이 여기저기 놓여 있다. 일상이 짐작되고도 남는 가족 놀이터다. 가족

놀이터의 전망 또한 일품이다. 통영 시내와 먼 산이 한눈에 들어오는 게 경관이 기가 막힌다. 저 멀리 통영의 바닷바람이 실려 오는지 시원한 기운이 땀을 말려 버린다.

한마디로, 멋지다. 동환(13), 동우(11), 동희(6)의 아빠 김성수(41) 씨는 '동트리오' 삼형제를 위해 집을 지었다. '가족도서관을 지닌 마당집'을 줄여 '도마집'이라는 이름을 붙이고, 개인 블로그(blog.naver.com/suyadaum)에 일기처럼 집짓기 공정과 일상을 남기고 있다.

대학교에서 만난 아내 진은옥(40)씨와 결혼한 지 14년째인 초등학교 부부 선생님이다. 이들은 왜 집을 짓게 되었을까. 그것도 상가주택을.

세 아들의
꿈과 관계가 자라는 집을
짓고 싶었다

아내 용인에서 근무하다가 통영으로 내려온 지 3년차예요. 남편이 섬 지역 학교를 경험해 보고 싶다고 해서요.

남편 지금 학교에서 안 나와도 된다면 계속 있고 싶어요. 그런데 3년만 있을 수 있어요. 지원자가 많아서요. 아침마다 큰아들과 둘째아들 데리고 배를 탑니다. 아이들도 같은 학교에 다녀요. 거제도 항구에서 여객선 타고 15분 정도 들어가죠. 지난해부터는 사택이 생겨서 일주일에 두 번은 아이들과 함께 자고 나옵니다.

아내 이 집 짓기 전에는 여기서 500미터 떨어진 아파트에 살았어요. 바닷가 바로 앞에 있어요. 햇빛도 좋고 전망도 좋고 시원하기도 해서 계속 살고 싶었는데, 세 아이를 아파트에서 키우는 게 민폐였죠. 밖에 계속 나가 있다가 잠잘 때 집으로 들어가

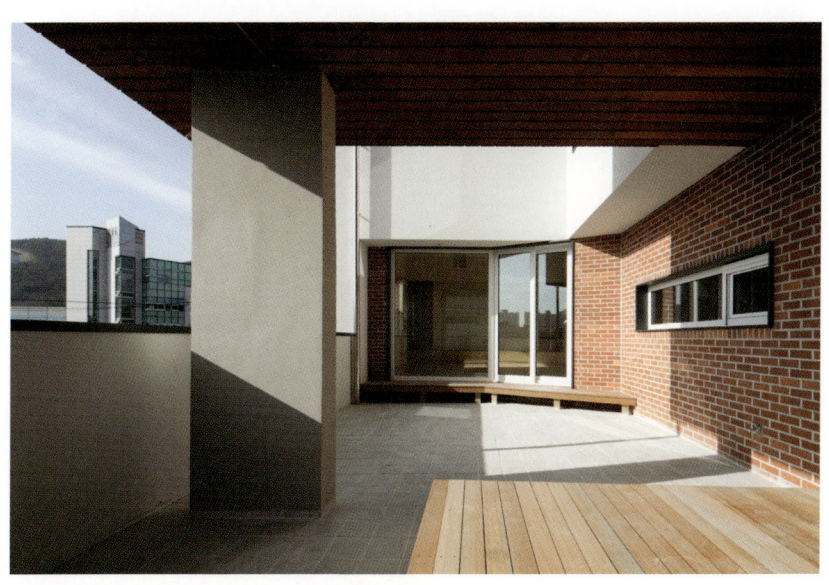

마치 단독주택 마당처럼 3층에 넓게 앉힌 가족놀이터.
튜브수영장, 해먹, 바비큐시설 등을 갖춰놓았다.

장난감 진열장과 다락방이 있는
널찍한 놀이공간. 아이들이
가장 좋아하는 곳이다.

는 생활을 꽤 오래 했어요. 그 스트레스도 만만치 않았죠. 그래서 집을 짓기로 결심한 거예요. 여기 와서 살아보니까, 이제 아파트에서는 못 살겠다는 생각이 드네요. 이사 오면서 여유를 되찾았어요.

부부의 집은 아이들이 살기에 최적화(!)된 모습이다. 아래층과 위층을 잇는 널찍한 계단과 위층에 마련된 천장 높은 놀이공간, 그리고 지붕아래 붙잡아 맨 것처럼 아슬아슬하게 돌출되어 있는 다락공간까지. 물론 여름철이면 물놀이장으로 변신하는 마당과 이 방 저 방에서 나설 수 있는 갖가지 마당들까지도 덧붙여서. 이 모든 공간이 아이들의 다채로운 놀이와 활동을 보장해준다.

기자 위층 놀이공간에 만든 전시공간은 남자아이들의 로망을 채우기에 부족함이 없는 것 같아요.

아내 아이들이 조립을 워낙에 좋아해요. 그런데 아파트에서는 진열장이 없으니까 계속 부서지고 쌓아놓을 수밖에 없었죠. 아이들이 박스를 안 버리려 해요. 그래서 펼쳐놓았더니 정리도 잘하고 좋아하네요.

기자 막내가 원두막처럼 가파른 다락방 계단을 잘 올라가요.

남편 처음엔 잡아줬는데 몇 번 만에 엄청 빨리 올라다녀요. 아이들이 다락을 자주 써서 만들기를 잘했다 싶어요. 아이 친구들도 오면 오르락내리락하고요. 장난감 들고 올라가서 한참씩 있다 내려오기도 해요. 자기들의 아지트죠. 애들이 그동안은 자기들끼리만 놀다가 다른 아이들과 놀 수 있는 공간이 생기면서 자기들의 놀이문화가 형성되는 것이 보여요. 사실 부모가 해줄 수 있는 건 한계가 있어요.

아내 친구들을 자꾸 집으로 데리고 오라고 해요. 잘 노는 게 중요하거든요.

남편 학교에서 요즘 아이들을 보면 감정조절이 안 되는 모습이 자주 나타나요. 또 친구들과 같이 놀이를 잘 안 하려고 하고요. 학교 들렀다 학원 거쳐서 집에 들어가면 끝인 생활의 연속이다 보니 아이들이 놀 줄을 모르는 거죠. 내가 교육부장관이 된다면 하루 2시간씩 노는 시간을 정규수업에 넣고 싶을 정도에요. 함께 노는 과정에서 싸워도 보고 참기도 하고 여러 가지 감정을 느끼며 관계 맺는 법을 배우는 거잖아요.

아내 지금은 그런 것도 집에서 배워 와야 하는 상황이 되어버렸어요. 그런데 집집마다 아이가 하나, 둘이다 보니 그것마저 힘들어요.

남편 자기들끼리 놀 수 있는 공간이나 시간을 많이 주는 게 어른의 역할이라고 생각합니다.

그렇다. 부부는 아이들을 잘 키우기 위해 집짓기를 결심했다. 잘 키운다는 의미는 해석하기 나름이겠으나, 부부의 철학으로는 잘 놀리는 것이 또한 잘 키우는 길이다. 그러나 이것만으로는 2% 부족하다.

아이들 교육에 관심이 많은 부부는 아이들을 비롯해 모든 가족이 언제나 책을 가까이할 수 있는 집에서 살고 싶었다. 이 집의 중심부에 가족도서관을 계획한 이유다. 폭이 넓은 계단을 따라 책장으로 뒤덮은 아래층 도서관은 윗층 가족실과 계단실 책장으로 이어지면서 2개 층의 작은 가족도서관이 된다. 여기서 계단실은 단순한 동선이 아니라 책을 읽는 독서 공간이 되어주고 있다.

가족도서관은 집의 심장 같다. 거실과 식당, 놀이방으로 동선이 연결된다. 2층을 드나들 때도 마찬가지로, 어느 공간에서든 이 도서관을 거쳐서 이동해야 한다. 대부분의 집이 현관을 통해 들어서면 거실을 제일 먼저 만나는데, 이 집은 들어오면서부터 도서관을 만난다.

남편 저는 책을 잘 안 읽었는데 지금은 잘 읽습니다. (웃음) 2주에 한 권꼴은 읽는 것

폭이 넓은 계단을 따라 위층까지 책장이 이어지는 가족도서관.
어느 공간에서든 이 도서관을 거쳐 이동하게 했다.

같아요. 아이들도 오고가며 앉아서 읽고요. 자연스럽게 읽히는 분위기가 되어 좋은 것 같아요.

아내 아파트에서는 장난감과 책, 교과서가 거실에 다 섞여서 정리가 안 되었어요. 여기서는 장난감은 2층에서 갖고 놀고, 1층에서는 책을 읽을 수 있게 공간을 분리해 놓았더니 아이들도 자연스럽게 공간에 맞춰 행동하더군요.

다양한 일상이
생성되는 마당집

도마집이 남달라 보이는 또 다른 이유는 마당이다. 3~4층에 거주하는 건축주 가족들은 단독주택 같은 집을 원했고, 건축가는 가족들의 요구를 실현하는 데 이 마당 계획을 십분 활용한듯 보인다.

메인이 되는 마당은 거실과 식당이 연계되는 남쪽마당이다. 거실과 식당에서 접하는 방향을 다르게 두어 같은 마당이라도 보는 방향에 따라 그 경관과 느낌이 전혀 다르다. 식당 방향으로 열린 마당에는 상부에 안방을 배치하고 하부는 필로티로 띄워서 그곳에 평상(들마루)을 두어 운치를 더했다.

남편 나의 첫 요구는 마당이 많았으면 좋겠다는 거였어요. 1층에 마당이 있는 집이 좋겠지만 방범이나 프라이버시 문제가 있을 것 같아서 마당을 위에 올려달라고 했어요. 마당에서 맥주도 마시고 책도 읽고 아주 좋아요.

건축가 같은 마당이어도 저마다 쓰는 방법이 달라서 고민이 됐어요. 아내 분은 식당과 연동되는 마당을 요구했죠. 설거지 하고 나서 차 한 잔 할 수 있는 공간을 원해서 거실과 같은 높이의 평상을 두어서 바로 걸어 나갈 수 있게 한 거죠.

기자 아이들도 마당에 대한 요구사항이 있었나요?

건축가 방에서 나가서 뛰어놀 수 있는 마당이 있기를 바라더군요. 그래서 놀이방과 연계된 놀이마당은 놀이방과 주방 양쪽에서 접근할 수 있게 했어요. 놀이마당에서 놀고 있는 아이들을 주방에서 일하는 엄마가 늘 지켜볼 수 있게끔요. 윗층 자녀방과 연계된 하늘마당도 있죠. 하늘마당은 아래층에 있는 놀이마당과 소통할 수 있고, 전망 좋은 북쪽의 먼 풍경도 바라볼 수 있어요.

아내 마당을 통해 집 안의 실들이 다 연결되어 있는 느낌이랄까요. 주방에 머물면서도 아이들과 제가 서로의 움직임을 체크할 수 있으니까 안전하고 저도 집안일을 편하게 할 수 있어요. 아파트 안에서는 아이가 잘 안 보이니까 설거지하다가도 말고 아이를 불러보고 수시로 방문 열어보고 안전하게 노는지 확인하기 바쁘잖아요.

기자 마당을 통해 보이는 전망도 좋은데요.

건축가 집이라는 게 채광도 중요하지만, 전통한옥에서는 좌향을 먼저 따졌어요. 집이 어디를 바라보게 하느냐를 중요하게 여겼다는 얘기죠. 남쪽만 고집해서는 안 되는 이유예요. 사람들은 햇빛보다 지형적인 답답함을 견디기 힘들어해요. 덩그러니 원경만 보이는 집 안에서는 오래 못 있어요. 보더라도 작은 공간을 만나면서 원경도 보이게끔 단계를 만들어 주는 게 중요하죠.

기자 이렇게 다채로운 공간을 지닌 집에서 살게 되면서, 가족의 일상이 달라졌을 것 같아요.

아내 엄청 빨리 집으로 퇴근하고 싶어졌죠. 주말에도 나가기 싫고 집에 더 있고 싶고요. 예전엔 아이들 데리고 자주 놀러 나갔는데 지금은 모두들 집에서 노는 걸 더 좋아해요.

남편 아이들도 알아서 놀아요. 막내도 엄마아빠를 찾는 일이 별로 없어요. 예전엔 계속 밖으로 데리고 나갔거든요. 지금은 다른 사람들을 불러들여서 같이 놀아요. 운동 끝난 후에 선후배 데리고 집에 와서 삼겹살 파티도 하고요.

도마집에는 마당이 다양하다. 덕분에 빨리 퇴근하고 싶은 집,
주말에도 나가기 싫은 집이 되었다. 상가주택이라고 해서
마당을 포기할 필요 없다.

아내 마당이 많으니까 전원주택 같아요. 친정 엄마가 자꾸 장독을 갖다 주시길래 우리 집에서 김장해도 된다고 말씀드려놨어요. 이모가 일곱 분인데, 우리 집에서 모두 모여서 하자고요.

남편 저는 경상도 특유의 가부장적이고 위압적인 집안에서 자랐어요. 나도 모르게 그런 게 몸에 밴 듯해요. 소통하기보다는 요구만 하던 스타일의 아빠였는데, 이제는 가능하면 대화하려고 노력하고 있습니다. 아이들과의 관계가 훨씬 좋아졌어요.

아내 처음 이사 와서 남편도 아이도 모두 새벽에 일찍 깨서 놀랐어요. 아침잠이 많은 가족이었거든요. 부지런해진 것도 달라진 점이에요.

남편 마당에 꿈의 해먹도 달았네요. 지금은 멋스러운 새장을 사려고 탐색 중이랍니다. 입주선물로 친구들한테 50만원 받아놨거든요.

건축가 상가주택에도 얼마든지 단독주택다운 주택을 올릴 수 있어요. 그런데 많은 건축주들이 처음부터 마당을 포기해요. 마당은 설계용역비를 받은 건축가가 고민해서 만들어야 하는 것이지, 건축주 스스로 포기해야할 항목이 아닌데 안타깝죠.

필지를 분할해서
개발비용 부담을 낮추다

다시 처음의 의문으로 돌아와서, 단독주택에서의 삶을 원하던 부부가 왜 상가주택을 지었을까. 결론은 마음에 드는 땅을 사고 났더니 단독주택 짓기엔 턱없이 큰 규모였다는 데 이유가 있다. 부부가 소유한 대지는 200평으로, 바다와 가까우면서도 도심지에 있고 북쪽으로 작은 공원이 접해 있어 편리성과 쾌적성을 두루 갖췄다.

그러나 부부는 200평 땅을 일시에 개발할 생각으로 덤벼들었기에 그만 큰 커진 사업비용을 감당하기엔 역부족이었다. 결국 100평씩 필지를 분할하고 공원과 가까운 필지에 비용에 맞는 상가주택을 먼저 짓고 난 다음, 거기서 나온 수익으로 나머지 필지에 건축을 하기로 했다.

먼저 지은 상가주택은 4층집으로 1층에는 작은 상가를 두고, 2층에는 임대소득을 위한 원룸 4세대와 투룸 1세대를 두었다. 주인은 3,4층을 복층으로 사용한다. 복층 주거공간의 규모는 모두 56평이다.

남편 아내가 교외로 나가기는 싫다고 해서 도심지에 있는 땅을 찾다 보니 지금의 터를 구하게 됐네요. 사 놓고 보니 규모가 너무 커서 단독주택만 덜렁 짓기가 아까웠어요. 우리 집이 들어선 땅이 100평이고, 옆 땅이 100평이에요.

아내 소장님을 못 만났으면 집 지을 엄두내기가 힘들었을 거예요. 너무 많은 비용이 들어서 포기해야 하나 어쩌나 고민이 많았죠.

건축가 처음엔 200평을 동시에 개발하자고 하더군요. 동시에 건물 2채를 짓겠다고요. 그런데 자금 스케줄이 맞질 않았어요. 토지(6억원)를 대출을 일으켜 샀기 때문에 이자 부담도 크고, 추가 대출을 일으키는 데도 한계가 있었죠. 그래서 필지를 반으로 나눠서 상가주택 먼저 짓고 난 다음에 2차 건물을 짓자고 한 겁니다.

기자 필지분할은 어떻게 하셨죠?

홍소장 인허가 하면서 신청해 놓은 다음에, 먼저 한 필지에 지은 건물이 준공이 나면 자연스럽게 분할이 됩니다.

기자 땅만 덜컥 사놓고 막막했겠어요?

남편 땅을 구입한 후부터 공부를 시작했죠. 진주에 있는 국제대학에서 3개월 과정 집짓기 연수에 참가했어요. 제가 3기생입니다. 매주 한 번 3시간씩 3개월 동안 공부했어요. 전체 집짓기의 흐름을 배웠죠. 궁금증이 생기면 강사에게 물어봐서 전체 집짓기 스케줄을 파악할 수 있었어요. 당시 동기생들 중에는 경찰, 펜션업자, 부동산업자

등 굉장히 다양한 직업의 소유자들 많았어요. 땅 선택부터 법, 설계, 시공, 준공에 이르는 전 과정을 아우르는 교육이어서 도움이 됐지요.

기자 건축주로서 어떤 부분이 제일 힘들던가요?

남편 제일 힘든 건 자금이었어요. 시공이나 설계에서는 큰 어려움이 없었어요. 설계자나 시공사를 믿고 시작해서 그런지 편하게 진행됐습니다. 다만, 자금이 허락하는 범위 내에서 선택해야 한다는 게 힘들었어요.

기자 어떻게 풀었나요?

남편 설계할 때부터 금액에 맞추어 모든 항목을 최소 비용으로 조정해 나갔어요.

기자 대출도 많이 받으셨겠어요?

남편 200평을 6억에 구입했거든요. 땅 구입자금은 모두 대출로 해결했어요. 집 짓고 나니까 은행에서 집이 잘 지어져서 돈을 더 빌려줄 수 있다고 그러대요.

기자 이자 부담이 상당할 텐데요.

남편 집 지으면서 1층에 상가를 두고 2층에 원룸 4세대, 투룸 1세대를 뒀어요. 여기서 나온 보증금 1억2000만원으로 건축비 일부를 충당했고요. 원룸은 보증금 500만원에 월세가 45만원으로, 한 달 수입이 180만원이에요. 1층 상가 월세는 50만원이고요. 230만원으로 이자를 내고 있습니다. 옆 필지를 상가로 개발해서 상가에서 들어오는 월세를 모아 원리금을 상환해 나갈 계획이에요.

건축가 필지를 나누어 개발한 이유도 자금 때문이에요. 옆 땅이 매매된다든가, 개발된다든가, 둘 중 하나가 진행되면 자금문제는 어느 정도 해결되죠.

남편 당시 저평가된 땅이어서 지금은 시세가 8억까지 뛰었어요. 2억이 오른 거예요. 팔면 이익이지만, 저는 파는 것보다 짓는 게 목표입니다. 한번 경험을 해보니, 이 동네는 임대세대로 집을 지으면 반드시 성공할 수 있겠다는 자신감이 생겼어요. 다시 총알(돈)을 열심히 모아서 도마집 옆에 멋진 건물을 꼭 올릴 겁니다.

건축가 처음에는 원룸이 안 나갈까 봐 건축주가 걱정하기도 했어요. 근처에 원룸 밀집 지역이 있었거든요. 그곳과 차별화를 꾀하자고 했죠. 화장실을 좀 더 넓게 계획

통영 옆 필지 근생건물 조감도와 평면도

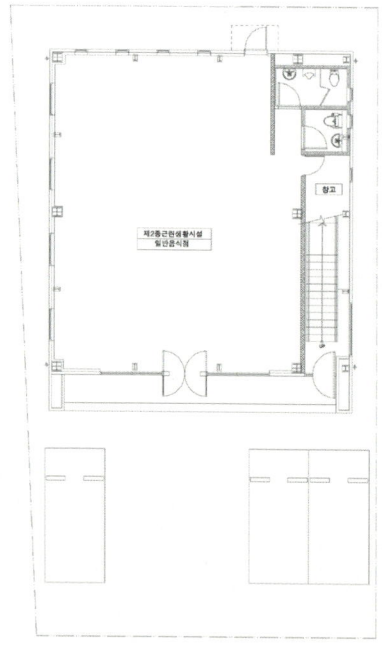

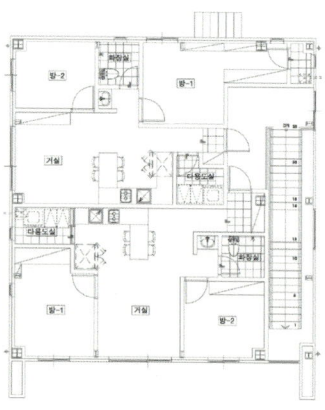

하고 샤워부스를 만들었어요. 원룸에서 찾아보기 힘든 작은 발코니도 마련하고요. 이렇게 환경을 차별화했더니 금세 방이 나가버렸어요.

남편 1,2인 가구 수요가 굉장히 많아요. 주변에 계속 지어지고 계속 들어옵니다.

도마집 방문이 이뤄진 게 2015년 7월 중순 무렵의 어느 토요일이었다. 반년 정도가 흐른 2016년 3월. 큰 변화가 생겼다. 남편의 목표대로 남은 필지에 건축이 완료되어 간다. 1층에는 상가가, 2층에는 투룸 2세대가 들어섰다.

2차 필지에 들어선 임대 전용 건물은 도마집보다 오히려 수익성이 더 낫다. 1층 상가를 통으로 계획해 보증금 5000만원에 월세를 150만원으로 맞췄기 때문이다. 2층 투룸 2세대는 각각 전세 1억원에 계약해, 총 건축비 2억1000만원을 대출 없이 해결했다. 추가적인 빚 부담을 발생시키지 않고도 월세 수입을 늘릴 수 있도록 전략을 짠 것이다.

가족의 삶이
얼마나 가치 있어질 수 있는가

기자 주변에 도마집을 보고 실행하는 지인들이 있나요?

남편 나보다 먼저 진주 혁신도시에 대지를 산 지인이 있는데, 이제 지으려고 합니다. 저도 그렇거니와, 요즘 집을 짓는 건축주들은 집의 단순한 기능보다는 그 공간에서 가족의 삶이 얼마나 가치로울 수 있는가를 고민하고 실현하려고 노력하는 것 같아요.

기자 공부하고 집짓기를 했기에 도움 되는 점이 많았을 것 같아요.

남편 집 구석구석 사연이 다 남아 있어서 기억에 남습니다. 공사 초기에 장마가 와서 공사진도가 잘 안 나갔을 때의 안타까움도 기억에 남고요. 매일 공사장에 올 수도 없었죠. 학교 끝나고 오면 현장일도 끝나 있으니까요. 그래서 현장 소장님께 이 집이 우리 가족에게 얼마나 소중한가에 대해 계속해서 말했어요. 자부심을 갖고 짓는 분이라는 느낌을 받아서 더 좋기도 했고요. 일일이 공정에 대해서 이야기할 필요가 없었어요.

건축가 남편분이 블로그에 올린 사진을 보고 디테일이나 점검사항을 체크했어요. 또 건축주에게 건축설계도서를 다 건넸는데, 이 도서를 들고 다니며 현장을 체크하더군요. 시공자가 발견하지 못하는 부분을 찾기도 했어요. 사실은 건축주가 견적미팅을 하면서 도면이 어느 정도 파악된 상태여서 가능했죠.

기자 주택을 짓고 싶어하는 동년배들에게 한마디 부탁해요.

남편 30~40대 비슷한 또래들이 집을 짓고 싶어하는 마음은 정말 큰데, 실행을 주저하고 차일피일 미루는 걸 많이 봅니다.

건축가 맞아요. 집짓기 모임에 오는 분들도 걱정이 많아요. 시공사와 설계자 만나는 것부터 어려워하고요.

남편 두려워하지 말았으면 좋겠어요. 집을 지어야 하는 명확한 이유가 있으면 다 해결해 나가게 되니까요. 저 역시 집을 지음으로써 가족 관계가 더 가치롭게 변화할 수 있겠다는 생각이 마음에 자리 잡고 나니 비로소 추진해 나갈 수 있는 힘이 생기더군요. 왜 지을 것인가에 대한 의미가 명확하면 됩니다. 저는 스스로에게 의미를 부여하는 글을 기록해 놓고 계속 읽으면서 용기를 북돋았어요.

집 지으면서 제일 중요한 것은 가치예요. 기술은 머릿속에 있으면 돼요. 설계자와 시공자와 함께 만나서 이런 가치를 공유하고 대화한 것이 참 좋았어요. 가치적인 측면에서 고민하는 게 시작이자 끝이 아닐까 싶어요. 살면서도 그렇게 하려고 노력합니다.

초등학교 선생님을 천직으로 알고 사는 부부는 어쩌다 보니 상가주택을 지었다. 아이들이 수시로 마당에 뛰어나가 놀 수 있는 집, 가족이 도란도란 모여서 책 읽을 수 있는 집을 꿈꿨는데, 종착역은 상가주택이었다. 무지로 인해 덜컥 큰 땅을 사버렸다가 개발비용이 부족해 허덕이기도 했지만 곧 전문가의 도움으로 필지를 분할해서 2개의 건물을 소유한 건물주가 되었다. 부부는 앞으로도 돈을 쫓기보다 가치를 쫓는 삶을 이어간다면 언제든 좋은 귀결이 있을 것임을 믿는다.

PART 2

좋은 기획이 있어야
좋은 상가주택이 나온다

| 사업기획에서 준공까지 스케줄표 |

프로세스	사업기획		건축설계		
세부과정	토지매입	사업계획	계획설계	중간설계(인허가)	실시설계
관련전문가	부동산 중개사	부동산 전문가 세무사, 건축사	건축사 선정	건축사	건축사
계약관계	토지매입 계약서 작성	사업컨설팅계약서 작성	건축설계계약서 작성		
용역결과물		사업계획서	계획설계도서	인허가도서/ 건축허가서	실시설계도서
업무내용		• 사업지 가치평가 (부지조사/ 시장조사) • 사업규모 검토 (규모검토 설계/ 사업규모 산정) • 사업성 검토 (사업비 산정/ 자금계획 수립) • 세무 검토	계획설계 : 요구사항을 주고 전체적인 디자인을 만드는 설계	중간설계(인허가) : 행정적인 인허가를 위한 설계	실시설계 : 건축공사용 도면을 만드는 설계
자금지출항목	토지매입비 취득세 중개수수료	컨설팅비용	건축설계 초기용역비	건축설계 중간용역비	건축설계 중간용역비

좋은 기획이 있어야
좋은 상가주택이 나온다

건축공사		준공	
시공사 선정 및 기존 건물 철거	건축공사(감리)	준공 전 체크	사용승인
우선 협상 시공사	건축 시공사	건축사	건축사, 법무사
	건축도급계약서 작성		
세부견적서 제안	공사공정표, 세부견적서 확정		사용승인서 건축물대장 보존등기
• 우선 협상 시공사들의 시공건물 답사 • 견적서 비교검토	기존 건물 멸실 착공신고(건축사사무소) 건축공사		사용승인 신청
	직접공사비: 공사비 지불 간접공사비: 철거비, 인입비 (전기,가스, 수도, 통신) 도로점용비 측량비(경계측량, 현황측량) 지질조사비(필요시)		보존등기비(취득세) 재산세 건축설계 최종용역비 공사비 최종 잔금

1

상가주택을 기획하기 전에
해야 하는 것들

"어떤 상가주택을 지으시려고요?"

"글쎄요. 임대수익이 잘 나오게 지으면 되지 않을까요?"

요즘 상가주택을 짓겠다고 문의해오는 사람들이 적지 않다.

그런 예비 건축주들에게 어떤 상가주택을 짓고 싶은가 물으면 대답을 망설이거나 조금은 자신 없는 목소리로 조심스럽게 의견을 내놓는다. 사실 상가주택 설계를 건축사사무소에 문의해오는 것만으로도 대단한 발전이다. 그만큼 잘 지어보겠다는 의지의 표현이기 때문이다.

"상가주택이 어떤 건물인지는 아시나요?"

질문을 이어가 본다. 당연한 질문을 왜 하느냐는 표정이 돌아온다. 상가도 있고 주택도 있는 건물이 상가주택이지 뭐 별다른 게 있을까.

그런데 그렇게 단순하게만 생각할 일이 아니다. 상가주택도 어떤 목적으로 짓느냐에 따라 내용이 완전히 달라진다. 한 덩어리의 건물 안에 주택만이 아닌 여러 프로그램이 들어가기 때문이다. 그래서 상가주택을 짓기 전에 자신의 건축 목적이 무엇인지 스스로에게 질문을 하고 답을 얻을 수 있다면 절반의 성공이다.

무엇보다 상가주택의 특성을 잘 알아야 한다. 그러면 장점은 극대화하고 단점은 극복하는 상가주택을 만들 수 있다. 상가주택을 아는 만큼 수익성을 높일 수 있고 거주 환경도 좋게 만들 수 있다. 아는 게 힘이다.

왜 상가주택인가, 목적을 분명히 하라

상가주택은 나 홀로 사는 단독주택이 아니다. 주인세대는 물론이거니와 임대세대와 상가 등 여러 기능을 하나의 건물에 버무릴 수 있는 복합공간이다. 그렇기에 건물의 사용 목적이 분명해야 최적화된 결과물이 나올 수 있다. 막연하게 상가주택 한 채 지으면 평생 살 집도 얻고, 임대수익도 거둘 수 있다는 생각만으로 접근하는 건축주와는 180도 다른 결과를 얻게 될 수도 있다.

건물의 사용 목적이 거주용이라면 거주에 맞는 기획이 필요하다. 임대용이라면 장기간 수익성을 담보하고 임차인들에게 어필할 수 있는 기획이 뒤따라야 한다. 매매용이라면 해당 지역의 부동산 시장에서 가장 인기 있는 내용으로 건물을 구성해야 할 것이다. 남들이 짓는 대로 따라 짓다 보면 상가주택이 건축 목적이나 향후 주택시장 변화에 맞지 않아 수익성이 떨어지거나 용도변경을 해야 하는 상황도 생긴다.

상가주택은 사용 목적에 따라 얼마든지 다채로운 모습이 가능하다. 예를 들어, 최근 나타나는 대표적인 현상이 주거와 일터의 결합이다. 요즘 건물주가 되는 것이 꿈

좋은 기획이 있어야
좋은 상가주택이 나온다

이라는 젊은이들을 심심치 않게 볼 수 있다. 더 이상 상가주택은 베이비부머 세대의 전유물이 아니라는 얘기다. 몇 해 전까지만 해도 상가주택 건설시장에는 은퇴 후 노년에 대비해 상가주택을 찾는 베이비부머 세대가 주류를 이뤘지만 지금은 30~40대 젊은층의 진입이 활발해졌다. 그러면서 일터와 주거를 결합하려는 목적으로 상가주택을 짓는 현상도 두드러지고 있다. 이렇게 주거와 일터의 공존을 추구한다면 상가주택의 기획은 달라져야 한다. 따라서 좋은 기획에 앞서 분명한 목적을 찾는 게 중요하다.

상가주택의 장단점을 파악하라

상가주택은 단독주택과는 다른 양식의 건물이다. 상가주택의 가장 큰 장점이자 단독주택과의 차별성은 상가와 같은 근린생활시설을 계획해서 임대수익을 거둘 수 있다는 점이다. 물론 단독주택 가운데 다가구주택의 경우는 전월세를 통해 임대수익을 얻는다. 그러나 상가 임대만큼 수익률이 높지 않다. 더구나 주택시장은 여전히 전세나 전월세를 혼합한 형태가 강세인 데 비해, 상가는 월세 비중이 커서 현금회전이 빠르다.

상가주택은 다양한 프로그램으로 구성할 수 있다는 것도 장점이다. 상가와 임대세대, 주인세대는 물론이고 건축주의 일터도 창출할 수 있다. 상가주택 한 채를 짓고 최상층에는 주인이 살고 중간층은 임대를 주고 1층에서는 카페나 사무실을 창업하는 사례도 적잖다. 자신의 건물에서 창업하는 만큼 향후 임대료 부담을 덜 수 있다는 게 장점이다. 그리고 언제든 1층을 임대로 돌려 임대수익을 얻을 수도 있다.

요즘에는 상가주택에 근사한 단독주택을 실현하는 집들도 많다. 상가주택에서도 마당과 발코니, 옥상을 활용해 단독주택 못지않은 여유로움을 누릴 수 있다. 아파트의 주거환경과 비교해도 손색이 없다. 사방으로 창을 낼 수 있기 때문에 채광과 환기

120

에 유리하고 다락층을 만들기가 쉬어 서비스면적도 많이 챙길 수 있다.

상가주택은 물론 취약한 점도 있다. 미리 알고 대비하는 것과 모른 채 맞닥뜨리는 것은 차원이 다른 문제이므로 단점에 대해서도 충분히 인지하고 극복하는 방법을 모색하면 된다.

상가주택 소유주들이 가장 크게 신경 써야 할 점은 유지관리다. 상가주택은 단독주택보다 규모가 훨씬 크고 여러 성격의 임차인들과 함께 사용하는 건물이기 때문에 관리의 손길이 필요하다. 임대경쟁력을 유지하기 위해서는 보수도 제때 잘 이뤄져야 한다. 또, 임차인들이 들고 날 때마다 임대료나 설비 등에 대해 협의해야 한다. 이런 점을 신경 쓰고 관리하는 게 귀찮게 느껴지는 건축주라면 상가주택을 짓기에 앞서 대안을 마련해야 한다. 요즘에는 소규모 건물을 관리해주는 임대관리사업자들이 많이 생겨서 관리 대행을 맡기는 방법도 있다.

때로 상가주택은 소음도 감수해야 한다. 1층에 어떤 점포를 두는가에 따라 밤늦게까지 소음이 발생할 수 있다. 또, 건물을 오가는 여러 사람들과 부딪히며 살아야 한다. 그렇지만 이런 단점들을 보완할 길이 없지 않다. 최근에는 창호 성능이 좋아져서 문만 닫으면 외부 소음이 거의 들리지 않는다. 또, 상가의 동선과 주거공간의 동선을 적절히 분리해서 서로 불편이 없도록 설계하고 프라이버시를 보호하는 방법도 있다.

우선순위를 결정하라

대부분 상가주택을 짓는 건축주들은 여유자금이 넉넉하지 않다. 설사 자금이 넉넉하다고 하더라고 수익성을 맞추어야 하는 상가주택에 지나치게 돈을 쏟아 부을 필요도 없을 것이다. 그렇기에 우선순위를 설정하는 게 필요하다. 상가주택이지만 단독주택에서와 같은 환경을 갖추는 데 우선순위를 둔다면 모든 계획에서 주인세대 부분에 우선적으로 투자해야 한다.

이런 경우도 있을 수 있다. 지금 상가주택을 짓지만 아이들이 곧 모두 독립하고 두 부부만 남게 될 경우라면 지나치게 큰 집이 필요 없다. 몇 년 후부터는 은퇴 후의 노후자금을 마련하는 게 더 큰 목적이 되므로 상가나 임대세대에 대한 비중과 투자를 늘려야 한다.

자신의 처지와 상황, 앞으로의 계획에 따라 우선순위를 정하고 조율해 나갈 때 최적화된 상가주택이 완성될 수 있다. 그러므로 상가주택은 천편일률적일 수 없으며 그럴 필요도 없다. 어찌 보면 이렇게 목적이나 우선순위에 따라 다양한 프로그램을 돌릴 수 있고 그 다양성을 담아낼 수 있다는 게 상가주택의 묘미인 것이다.

비용을 지불할 의사가 있는지 고민하라

상가주택의 크기는 단독주택의 몇 배다. 자연히 건축비용이 단독주택을 짓는 것에 비해 많이 든다. 더군다나 대충 지어놓아서는 임대경쟁력을 유지하기 어렵고 머지않아 공실로 인해 손해를 보기 쉽다.

따라서 지역의 특성과 수준을 감안해 경쟁력을 갖추기 위해 어느 정도의 건축 수준이 있어야 한다. 내 가족만 살 집이라면 어떤 재료든 자유롭게 선택할 수 있지만 임대공간이 있는 상가주택은 다른 사람의 선택을 받아야 하는 입장이라는 점을 생각해야 한다.

상가주택에 기본적으로 많이 적용하는 철근콘크리트 구조를 채택하고 내외단열을 모두 실시하고 중간 사양의 무난한 마감재를 적용할 경우 3.3㎡당 건축비는 400만원을 넘어선다. 건물 규모가 100평만 되어도 4억에 달하는 건축비가 필요한 것이다. 단독주택은 1억이 안 되는 돈으로도 지을 수 있다. 규모를 줄이고 재료를 바꾸면 된다. 또, 먼저 필요한 부분을 짓고 나중에 추가로 지어도 된다. 상가주택은 그렇지 않다. 한번 지을 때 제대로 계획해서 지어야 훗날 추가 비용이 들지 않는다.

또, 건축에 대한 초기투자는 유지관리와도 연결된다. 엉성하게 지어놓았다가 건물을 지을 때 아낀 비용보다 몇 배의 보수비를 쓰는 경우를 주위에서 흔히 볼 수 있다. 내가 상가주택에 적정 비용을 투자할 의사와 준비가 되어 있는지 스스로 점검해보는 것은 좋은 상가주택을 짓기 위한 워밍업이 될 수 있다.

2

좋은 사업기획서에
필요한 세 가지

상가주택에 대한 워밍업이 끝났다면, 이제 사업기획서 짜기에 돌입해야 한다. 다짜고짜 사업기획서를 짜라니, 좀 어리둥절해 하는 독자도 있을 것이다. 사업기획서는 집을 짓기 위해 세우는 계획서 정도로 이해하면 된다.

특히 수익성을 바라고 짓는 상가주택이나 임대주택에 대한 기획은 반드시 필요하다. 기획이 촘촘할수록 투자비용 대비 좋은 결과가 나올 수 있기 때문이다. 또, 건축 과정에서 예측되는 여러 상황을 미리 점검해 대비해 나갈 수 있어서도 좋다.

기획서에는 어떤 내용이 담겨야 할까. 결론적으로 말하자면, 크게 세 가지가 있다.

첫째는 그 지역의 임대시장 조사 결과가 기획서에 담겨야 한다. 내 건물에서 중장기적으로 임대수익을 기대할 수 있는 프로그램을 찾기 위해서는 함께 경쟁해야 할 지역의 임대시장 조사가 필수다.

둘째는 사업수지표가 기획서에 들어가야 한다. 임대시장 조사결과를 토대로 내가 짓고자 하는 건물의 수입과 지출을 조사해서 수익률을 산출해 보는 것이다.

세 번째는 자금계획표가 있어야 한다. 공사 시작부터 준공까지 실제 들어가는 자금들이 무수히 많은데, 이 자금의 흐름을 한눈에 볼 수 있는 자금계획표를 기획서에 넣는다.

이 세 가지를 충분히 검토하면 위험을 사전에 예방하고 즐거운 집짓기를 할 수 있다. 이 세 가지는 그리 어려운 일이 아니다. 특히 그 지역을 잘 아는 예비 건축주라면 즐겁게 수행할 수 있는 일이다.

사업수지분석표를 만들어보자

사업수지분석표라는 이름 자체가 어렵고 생소하게 느껴질 수 있다. 정작 들춰보면 그렇게 어려운 것만은 아니니 지레짐작으로 겁먹을 필요는 없다.

우리가 일상적으로 떠나는 여행을 떠올려 보자. 제일 먼저 초기 계획을 세운다. 초기 계획에는 어떤 장소로 갈지, 얼마의 비용을 들일지, 며칠간 갈지, 무엇을 타고 누구와 같이 갈지 등과 같은 내용이 담긴다.

건물을 기획할 때도 여행계획표를 떠올리면 쉽다. 사업수지분석은 들어가는 비용에 비해 수익이 얼마나 되는가를 추정하는 자금계획표다.

사업수지분석표는 건물을 짓는 데 필요한 예상 지출 비용과 건물을 짓고 난 후 들어올 예상 임대 수익 등 몇 가지 항목으로 이뤄진다. 해당 항목을 조사한 다음 분석표에 대입해서 수익률을 계산하면 사업수지분석표가 완성된다.

• 사업수지분석표에 들어가는 항목들 •

사업수지분석표는 크게 수익과 지출의 두 부분으로 나누어진다.
수익과 지출 비용을 파악하면 수익률 계산은 쉽게 할 수 있다.

수입

임대한 상가나 사무실, 원룸이나 투룸 세대에서 들어오는 보증금과 월세를 파악하여 기입한다. 이를 모두 더하면 총 보증금액과 매달 들어오는 총 월세액이 계산된다. 보증금은 임대공간에 입주한 즉시 들어오므로 목돈이 된다. 이목돈으로 건축비를 충당하는 경우가 많다. 매달 들어오는 월세액은 연금 같은 존재다. 월세 중 일부로 대출 이자를 갚아나가는데, 이자를 갚고 남은 월세는 연금처럼 매달 들어오는 수입이 된다.

상가임대수익 보증금과 월세를 각각 기입한다. 상가는 월세 비중이 높다.
주택임대수익 건물 내 임대주택의 보증금과 월세를 각각 기입한다. 상가주택 개발자금이 부족한 경우 보증금 비중을 높게 계산한다.

지출

지출은 직접적인 공사와 관련된 건축비를 비롯해, 건축사 · 세무사 · 법무사 · 부동산중개사 등을 통해 이뤄지는 직간접적인 용역비, 그리고 각종 세금, 은행대출이자, 임대수수료, 임대관리비 등을 포함한 기타 부대비용으로 나눈다.

토지구입비 토지구입에 든 비용이다. 기존 토지를 소유하고 있는 경우에는 현재 시세로 환산해서 넣기도 하고, **빼버리기도** 한다. 토지비를 넣지 않고 계산하면 수익률이 매우 커진다.

직접공사비 시공사에 지불하는 건축비를 말한다.

인입비 전기, 도시가스, 상하수도 같은 시설에 드는 비용을 말한다. 필지 안으로 끌어들이는 공사는 건축주가 직접 해야 한다.

철거비 기존 건축물이 있었다면 철거비용이 든다.

설계 · 감리비 설계비는 건물 규모나 건축사사무소에 따라 다르게 적용된다.

가구비용 상가주택은 임대세대 때문에 가구 발주 비용이 크다. 가구를 직접 주문제작하거나 현장제작하는 경우가 많다.

세금 취득세와 재산세를 내야 한다. 직접공사비의 10% 이내 수준이다.

임대수익	1층	상가수	보증금	월세
	2층	세대수	보증금	월세
			보증금 합계	월세 합계
지출	토지비	구입비용	a	
	건축비	직접공사비	b	
		인입비	c	
		철거비	d	
	용역비	설계 · 감리비	e	
	기타비용	세금	f	
		은행대출이자		
			a+~f=개발총비용	

좋은 기획이 있어야
좋은 상가주택이 나온다

· 임대 수익률 계산하기 ·

수입과 지출 항목이 모두 채워지면 임대수익률을 계산할 수 있다. 임대수익률은
1년간 벌어들이는 총월세(이자 제외)를 개발에 들어간 비용으로 나누면 된다.
따라서 개발비용보다 월세수입 비중이 클수록 더 많은 수익이 나게 된다.

> **임대수익률** = (월세×12−대출이자) ÷ (개발총비용−전세보증금−대출원금)

사업수지분석은 이렇게! 망원동 모퉁이집의 규모검토와 사업수지 분석 사례

서울시 마포구 망원동에 위치한 상가주택(모퉁이집)은 기존 구옥을 철거하고 상가주택으로 개발한 집이다.
사업수지 분석을 통해 높은 수익률이 나와 개발에 착수한 사례다.

- -

 상황 작은 임대 상가 2개(5평+5평)를 1층에 둔 낡은 구옥에 거주하고 있다.

 고민 ① 구옥을 팔고 받은 돈으로 전원주택이나 아파트에 들어가 살고, 남은 돈을
은행에 넣어두고 이자수익을 바라야 할까.
② 신축을 한다면 얼마나 수익을 내는 건물이 될 수 있을까. 신축을 하더라도
일반 다세대주택과 다른 개방감 있는 단독주택 같은 공간에서 살고 싶다.

사업수지분석을 위한 규모검토

실제 건축 디자인에 들어가기 전에 법규검토를 하면서 주어진 대지에서 어느 정도의 규모나 면적
이 지어질 수 있는지를 파악해 간단한 건축개요를 만드는 작업이다.

1 충분한 임대관련 시장조사를 선행한다.
2 여러 대안을 찾고 규모검토를 통해 건축개요를 만든다.

| 결론 |

지하 상가 2개, 1층 작은 상가 3개, 2~3층에 원룸(고시원) 10개,
4~5층은 건축주가 사는 주택을 신축한다.

좋은 기획이 있어야
좋은 상가주택이 나온다

설계개요

단위:㎡(평)

사업명	망원동 근생주택 개발사업				
대지위치	서울시 마포구 망원동 467-27번지				
지역,지구	제2종일반주거지역				
대지면적	실사용대지면적		대지면적		
	192.50(58.23)		192.50		
건축면적	114.43(34.62)		건폐율	59.44%	<법정:60%
연 / 지상	384.09(116.19)		용적률	199.53%	<법정:200%
면 / 지하	87.04(26.33)				
적 / 연면적	471.13(142.52)				
건축규모	지상5층				
구조	철근콘크리트 구조				
조경면적	계획: 22.68		법정: 28.88		<법정:15%
주차대수	계획:4		법정:3.65		1대/세대

층별면적표

단위:㎡(평)

층별	바닥면적	전유면적			전체공유면적			비고
		전용	공용	소계	기계/전기실	주차장	소계	
지상5층	46.42	46.42	0.00	46.42				주택
지상4층	69.44	63.42	6.02	69.44				주택 1세대
지상3층	85.68	73.90	11.78	85.68				고시원 4세대
지상2층	112.57	101.14	11.43	112.57				고시원 6세대
지상1층	69.98	49.38	20.60	69.98				근생/주차 3개 /4대
지상층소계	384.09	334.26	49.83	384.09	0.00	0.00	0.00	
지하1층	87.04	67.32	19.72		14.85	0.00		근생 2개/기계실
지하2층	0.00					0.00		
지하층소계	87.04	67.32	19.72	0.00	14.85	0.00	0.00	
합 계	471.13	401.58	69.55	384.09	14.85	0.00	0.00	

임대면적표

단위: m²(평)

구 분	세대수	전용면적		층별공유			공급면적	
				계단실/복도	계			
9.1평	1	24.86	(7.52)	0.00	4.31	4.31	29.17	(8.82)
15.5평	1	42.46	(12.84)	0.00	7.35	7.35	49.81	(15.07)
6.2평	1	16.80	(5.08)	0.00	2.91	2.91	19.71	(5.96)
5.8평	1	15.78	(4.77)	0.00	2.73	2.73	18.51	(5.60)
37.0평	1	101.14	(30.59)	0.00	17.52	17.52	118.66	(35.89)
27.05평	1	73.90	(22.35)	0.00	12.80	12.80	86.70	(26.23)
40.2평	1	109.84	(33.23)	0.00	19.02	19.02	128.86	(38.98)
계	8	401.58	121.48	0.00	69.55	69.55	471.13	142.52

상가주택 사업수지분석(망원동 모퉁이집)

임대수익율 계산 [월세 x 12개월 − 대출이자 등] / [개발총비용−보증금−대출원금]

구분			세대수	보증금	월세	비고
임대수익	보증금/월세	지하층 근생	2	20,000,000	1,400,000	1000/70
		1층 근생	3	30,000,000	1,500,000	1000/50
		2층 원룸	6	30,000,000	2,700,000	500/45
		3층 원룸	4	20,000,000	1,800,000	500/45
		4층,5층 자가주택	1	−	−	자가사용
		합계		100,000,000	7,400,000	

구분			금액	비고
개발비용	건축비	직접공사비	639,000,000	450만원/평
		인입비	8,520,000	전기, 도시가스, 상하수도
		철거비	15,000,000	
	용역비	설계/감리비	30,000,000	
	기타비용	세금/가구비	63,900,000	직접공사비의 10% 내외 예상
	합계		756,420,000	
수익율	현재수익율		13.53%	대출 無 가정
	토지비 환산 (평당 1800만원 계산)		5.22%	대출 無 가정
	자가사용 임대전환 수익율		6.43%	복층형 자가주택 전세 3억2천 계산

이 표는 하나의 예시이며 실제와 다소 차이가 있을 수 있다.

좋은 기획이 있어야
좋은 상가주택이 나온다

단위: m²(평)

전체공유				계약면적		전용율	비 고
부대복리	기계/전기	주차장	계				
0.00	0.92	0.00	0.92	30.08	(9.10)	82.63	지하층 근생(사무실)
0.00	1.57	0.00	1.57	51.38	(15.54)	82.63	지하층 근생(사무실)
0.00	0.62	0.00	0.62	20.33	(6.15)	82.63	1층 근생(사무소)
0.00	0.58	0.00	0.58	19.10	(5.78)	82.63	1층 근생
0.00	3.74	0.00	3.74	122.40	(37.02)	82.63	2층 근생 (고시원 6개)
0.00	2.73	0.00	2.73	89.43	(27.05)	82.63	3층 근생 (고시원 4개)
0.00	4.06	0.00	4.06	132.93	(40.21)	82.63	10m가로 전면 근생
0.00	**14.85**	**0.00**	14.85	485.98	(147.01)		

임대수익은 근생(상가)과 원룸에 책정한 보증금 및 월세 비율을 조정하기에 따라 달라진다. 보증금 1억원에 월 740만원의 수익을 예상했다.

총개발비용은 건축공사비, 용역비, 세금 등을 포함해서 총 7억5600만원 정도 예상된다.

토지소유 현재기준 수익률은 어떻게 될까?
기존 구옥 거주, 토지구입비 별도로 들지 않음, 대출 없음.
[(월세 740만원X12개월)/(총개발비 7억5600만원-전세보증금 1억원)]X100%= 13.53%

자가주택 임대전환 수익률은 어떻게 될까?
5,6층 자가주택을 3억2000만원에 전세를 줄 경우
[(월세 740만원X12개월)/(총개발비 7억5600만원+토지비 10억4400만원-보증금 1억원-5·6층 전세금 3억2000만원)]X100%= 6.43%

토지비 환산 수익률은 어떻게 될까?
토지비를 평당 1800만원으로 구입한 경우, 토지비 10억4400만 포함.
[(월세 740만원X12개월)/(총개발비 7억5600만원+토지비 10억4400만원-보증금 1억원)]X100%= 5.22%

Point 7

저금리 대출 활용하면 수익률이 높아진다

요즘처럼 금리가 낮은 경우는 개발 비용에서 일부 은행대출을 사용하면 수익률이 높아지게 된다. 망원동 모퉁이집의 경우 단기적인 은행 대출을 최대한 이용하는 것이 여러모로 유리할 수 있다.

은행 이자금리를 따져봤을 때 월세에서 충분히 감당이 된다면 어느 정도의 대출을 활용하는 것도 좋은 방법 중에 하나가 된다.

ex. 망원동 건축주가 토지담보대출 4억원을 개발비용에 사용할 경우

   대출이자를 년 3%로 계산했을 때 1년 이자는 1200만원이 된다.

   이 경우 자기자본비율이 낮아진다.

   총개발비용에서 보증금 1억원과 대출 4억원을 빼면 3억원이 채 안 되는 비용으로 개발을 진행할 수 있다.

   자기자본 비용 : 7억5600만원-1억-4억= 2억5600만원

🏠 **Tip :** **토지 투자 비용이 1차적인 수익률을 좌우한다**

사업수지표 작성시 중요한 것은 토지소유의 유무에 따라 수익률이 확연히 다르다는 점이다. 기존 대지를 소유하고 있는 경우는 기존 건물의 수익률과 비교해서 검토하는 것이 바람직하다.

대지를 새로 구입해서 건축하려는 경우는 토지를 어떤 값에 구입하는가가 사업수지에 중요한 변수가 된다.

따라서 사업수지표는 기존 토지를 팔 것인가 아니면 신규로 개발할 것인가를 검토한 기준표이기도 하다.

좋은 기획이 있어야
좋은 상가주택이 나온다

자금의 확보금액에 맞게 기획하라

사업수지표가 작성되면 실제 필요한 총 자금이 얼마가 되는지 파악할 수 있다. 하지만 건축주 가운데 자금을 충분히 준비해서 출발하는 경우는 드물다. 그리고 처음부터 모든 자금이 마련되어 있을 필요는 없다. 프로젝트에 드는 비용은 사업기간 동안 여러 차례에 나누어 지출된다. 따라서 해당 지출시기에 비용을 낼 수 있다면 문제가 없다.

사업기획 단계에서 자금 스케줄을 미리 파악하고 준비한다면 좀 더 안전하고 즐겁게 건축을 진행할 수 있다. 자금에 쫓기다 보면 공사가 중단되거나 늦어지기도 하고 추가 대출을 일으켜야 하는 상황도 발생하므로 미리 챙겨두어야 한다.

사실 전문적인 주택개발사업자들은 자기 자본보다는 PF(프로젝트파이낸싱) 같은 금융에 의존해 사업을 진행한다. 그래야 수익성이 높아지기 때문이다. 이렇게 빌린 돈을 지렛대 삼아 자기자본 비율을 낮추어 수익률을 높이는 것을 두고 레버리지 효과라고 부른다. 주로 대규모로 일어나는 아파트 분양이 여기에 해당한다. 간혹 분양이 되지 않을 때는 사업에 참여한 관계 기업들이 큰 위험을 겪게 된다.

건축주가 직접 개발하는 소규모 상가주택은 조금 다르다. 물론 금융대출을 많이 활용할수록 수익률이 높아지는 원리는 같지만, 갚지 못할 만큼 큰 돈을 빌리는 것은 한 가정의 경제를 무너뜨릴 수도 있기 때문에 신중해야 한다.

상가주택 건축주들은 자기자본 비율이 높을수록 안전하게 사업을 마무리할 수 있다. 총지출 비용이 확보되지 않을 경우 대출을 일으킬 수 있으나 무리해서는 안 된다. 실제 상가주택 건설현장에서는 간혹 무리한 대출에 따른 이자를 갚아나가지 못해 공사가 중간에 중단되는 경우도 발생한다.

자금에 맞는 기획은 이렇게! 통영 도마집의 자금 계획 사례

통영 상가주택(도마집)은 토지매입에 큰 비용을 지불한 탓에 건축할 자금이 넉넉하지 못하자, 필지를 나누어 2단계 개발을 통해 문제를 해결한 경우다.

- -

상황 전액 대출로 매입한 200평 땅에 임대수익이 나는 단독주택 같은 집을 짓고 싶지만 건축자금이 부족해서 중단했다.

고민 ① 세 아이와 부부가 거주할 집을 잘 짓는 게 가장 중요하다. 남은 비용으로 임대수익형 공간을 구성할 수 있다면 좋겠다.
② 문제는 토지매입을 위해 대출을 받아 큰 비용을 지불한 상태여서 추가 대출을 받지 않고 건축을 하고 싶다.

1 필지 나눔으로 안전한 자금계획을 세웠다.

사전에 자금규모를 제대로 파악하지 못한 채 땅부터 매입한 게 문제였다. 필지를 100평씩 나눠서 개발하는 전략을 세웠다. 남은 100평은 공사비 충당을 위해 매매를 하든지, 나중에 자금이 생기면 추후개발을 선택할 수 있다.

2 1차 개발은 건축주가 살게 될 단독주택 개발에 우선순위를 두었다.

1차 상가주택은 1층(근생 1실), 2층(원룸 4실과 투룸 1실), 3~4층 자가주택을 계획하게 되었고, 2층 투룸 전세금으로 공사비 일부를 충당했다.

3 2차 필지에는 저렴한 임대형 상가를 건축했다.

1층은 상가로, 2층은 투룸 2세대로 계획해 보증금만으로 상가 건축비를 충당했다. 필지를 나누어 개발함으로써 추가 대출 없이 수익형 건물을 얻게 된 것이다.

좋은 기획이 있어야
좋은 상가주택이 나온다

│ 통영 도마집 필지 분할 현황 │

[분할면적 면적표]

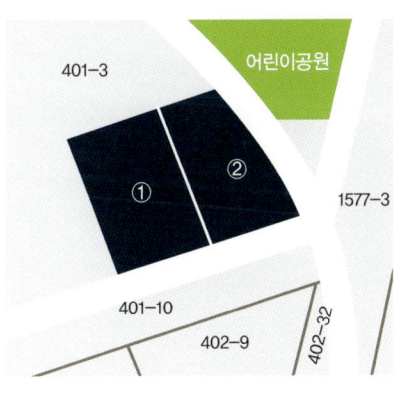

단위: m²

	면적
전체면적	661.0
분할1	331.0
분할2	330.0

통영 도마집 필지 나눔과 자금 계획 (200평 한 필지/ 100평 두 필지)

100평씩 개발할 경우와 200평을 한번에 개발하는 두 가지 경우를 비교했다.
총 개발비용과 조달 자금, 리스크, 용도의 적정성, 주차문제, 토지활용 등의 평가를 통해 100평 정도의 땅에 규모를
조정하여 개발하는 것이 자금확보 계획과 함께 안전한 개발이 된다는 것을 알 수 있었다.

단위: 원

구분			200평 기준 (한 필지)		100평 기준 (두 필지 중 하나)		조달가능 자금계획		
			필요자금	비고	필요자금	비고	구분	금액	비고
개발비용	토지비		600,000,000	평당 300만원	300,000,000	평당 300만원	금융대출	200,000,000	토지비 대출
							자기자본	100,000,000	
	설계감리비		35,000,000		35,000,000				
	건축공사비	직접공사비	2,280,000,000	용적률 300% 기준 연면적: 600평/ 평당 380만원 공사 가정	1,140,000,000	용적률 300% 기준 연면적 : 300평/ 평당 380만원 공사 가정	금융대출	400,000,000	공사비 대출
		인입비	12,000,000		6,000,000		자기자본	500,000,000	
		철거비	23,000,000		23,000,000				
	기타비용		91,200,000		45,600,000				
	합계		3,041,200,000		1,549,600,000			1,200,000,000	조달 최대금액
평가구분	리스크		조달 자금과 비교할 때 개발 리스크가 큰 개발		규모를 조정하여 개발 가능				
	자금조달정도		자금 조달의 범위를 벗어난 개발비용		연면적을 자금계획에 맞게 조정 가능				
	토지활용		전체 토지를 개발에 활용		남게 되는 100평 땅은 매각을 통해 공사비에 조달 가능				
	개발 용도의 정적성		연면적이 660제곱미터가 넘어 연립주택 또는 아파트로 개발 가능		다세대, 다가구, 근생 모두가 가능한 토지규모				
	주차		주차대수가 많아져 필지내 차도 주차장으로 불리		8대 이하 연접주차 적용으로 주차계획 유리				
	기타		시설면적 500제곱미터 이상이 되어 에너지절약계획서 대상 건물이 됨						

이 표는 하나의 예시이며 실제와 다소 차이가 있을 수 있다.

좋은 기획이 있어야
좋은 상가주택이 나온다

| 통영 도마집 사업수지 분석표 |

토지를 나눈 100평으로 기준

단위: 원

구분		세대수	보증금	월세	비고
임대수익	보증금/월세 1층 근생	1	20,000,000	700,000	전용 14평
	2층 원룸	4	20,000,000	1,800,000	세대당 500/45
	2층 투룸	1	90,000,000	–	전용 15평 / 전세
	3층,4층 자가주택	1	–	–	자가사용(전용 52평)
	합계		130,000,000	2,500,000	

구분		금액	비고
개발비용	건축비 직접공사비	550,000,000	440만원/평
	인입비	6,250,000	전기, LPG가스, 상하수도
	철거비	23,000,000	
	토지비	300,000,000	
	용역비 설계/감리비	35,000,000	
	기타비용 세금/가구비	38,500,000	직접공사비의 10% 내외 예상
	합계	952,750,000	
수익율	토지비 환산 수익률	5.39%	대출 6억에 3%이자를 가정

임대수익율 계산 = [월세 x 12개월 – 대출이자 등] / [개발총비용–보증금–대출원금]

자금계획에 맞는 개발을 해야 즐거운 집짓기가 된다

통영 도마집의 사업수지표에 따르면, 토지와 건축공사비를 위해 은행에서 6억원을 대출했고, 이자는 년 3%다. 토지는 평당 300만원으로 구입, 총 토지매입비는 3억원이다. 이렇게 해서 건축주가 거둘 수 있는 수익률은 5.39%다.

[(2,500,000원 X 12개월–18,000,000원)/ (952,750,000–130,000,000–600,000,000)]X100%= 5.39%

기존의 수익이 없는 아파트에서 52평의 복층형 단독주택으로 옮겨 와 살면서 수익률 5% 이상이 되는 건물을 갖게 되는 즐거운 집짓기를 한 사례가 된다.

프로그램의 선택은 직접 시장조사를 통해 결정하라

'프로그램'이란 건물 속에 들어가는 기능을 계획하는 것을 말한다. 일종의 계획표다. 예를 들어 보자. 건물에 넣을 수 있는 기능은 다양하다. 상가주택에서 흔히 적용되는 프로그램으로 근린생활시설이 있다. 사무실, 음식점, 부동산 등이 들어갈 수 있다. 주거 프로그램도 다양하게 담을 수 있다. 원룸, 투룸, 쓰리룸인지 복층인지 등을 선택해야 한다.

그런데 건물의 프로그램을 짜는 것은 단순하지 않다. 왜냐하면 쓰임이 뒤따라야 하기 때문이다. 주거 기능을 넣더라도 원룸이 나을지 투룸이 나을지 고민해야 한다. 원룸을 잔뜩 계획해 놨는데 임대가 나가지 않는다면 프로그램을 잘못 짠 건물이 된다.

그래서 수익을 내는 주택을 기획할 때는 지역의 임대시장을 조사해야 한다. 임대료라든가 임대수요, 수요자들이 바라는 공간 특성, 지역의 건축 수준 등 다양한 상황을 알고 프로그램에 반영해야 한다. 프로그램의 구성이 잘 되어야 준공 후 공실이 없으며, 임대 선호에 있어서도 미래에 경쟁력 있는 건축이 된다. 가장 빠르고 좋은 방법은 근처 부동산에 들러 조사하는 것이다. 요즘 원룸, 투룸 수요자들이 많이 이용하는 부동산거래앱(직방, 다방, 방콜, 두꺼비집 등)을 들여다봐도 얼마든지 지역 시세와 방 분포를 알 수 있다.

그밖에도 프로그램을 짜는 데 영향을 주는 요소는 무수히 많다. 큰 대로에 면한 필지인지 한 블록 들어가 이면도로에 면한 필지인지 등 필지의 상황에 따라서도 프로그램의 구성이 달라진다.

또한 각 기능에 따라 지역마다 독특한 요구상황이 있는지도 체크해야 한다.

예를 들어, 사무실인 경우 임대가 잘 되는 면적이 지역마다 다르다. 사무실 사용

좋은 기획이 있어야
좋은 상가주택이 나온다

자들의 업종도 다를 수 있다. 임대료의 평균시세도 다르고 주차장 사용 정도도 다르다. 따라서 이런 점을 빠짐없이 조사해야 한다. 조사내용에 따라 지하를 건축할 것인지, 각 실의 분위기를 어떻게 할 것인지에 관한 방향성을 잡을 수 있다.

주거시설인 경우에는 가장 먼저 원룸이나 투룸, 쓰리룸 중에 어떤 수요가 가장 많은지 조사해야 한다. 또한 주변 지역에 지어진 임대 주거가 포화상태는 아닌지, 원룸인 경우 요구하는 전용면적이 어느 정도가 적정한지 등을 잘 조사해야 한다. 주거시설에서도 지역의 특성에 따라 현재의 주거시설을 조사하면서도 준공 후 더 나아가 미래에도 경쟁력 있는 주거공간을 생각해야 한다.

음식점인 경우 커피숍이나 카페 같은 휴게음식점, 식사나 술을 파는 일반음식점인가에 따라 냄새나 음식물 처리 문제 등을 고려해야 한다. 그렇지 않으면 준공된 건물 외벽에 냄새를 빼는 흉물스러운 덕트가 붙는 경우가 많다.

이렇게 현재적 시점에서 조사하는 동시에 미래에 어떻게 지속적으로 임대경쟁력을 가질 수 있는지도 고민하면 금상첨화다.

시장조사는 이렇게! 동교동 UFO의 임대현황 조사와 건축 다이어그램 사례

수십 년 전 지어진 구옥을 재개발함으로써 높은 임대수익을 거두어 노부부의 생활자금을 마련하고, 개발에 들어간 투자금을 단기간 회수하는 데 목적을 둔 상가주택이다.

- -

 상황 수십 년 전 지어진 구옥을 재개발하는 것이므로 지역 부동산을 충실히 다니면서 시장조사를 할 필요가 있었다.

 고민 필지환경의 단점을 어떻게 극복해 경쟁력 있는 상가주택을 만들 것인가가 중요한 과제가 되었다.

1 필지 환경은 단점

대로에서 들어가 이면도로에 좁게 접한 열악한 필지의 조건을 갖고 있었다.

6m 이면도로에서도 필지는 6m 밖에는 접하지 않아 주차공간 확보에 어려움이 있다. 이러한 열악한 상황을 극복할 프로그램 구성과 개성 있는 공간의 계획이 필요하다.

2 지역의 수요와 트렌드는 장점

홍대와 멀리 않은 곳이라 다양한 기능의 사무실(스튜디오, 디자인 관련, 공방형 사무실 등) 수요가 많았다.

대학가 지역이라 개성 넘치는 공간 트렌드 및 건물 외관 요구가 많은 지역이라는 점을 활용할 수 있다.

| 결론 |

임대형 주거시설은 단순한 원룸보다는 개성 있는 주거공간을 요구하는 임대수요가 많았다. 따라서 일반적인 주거기능을 하면서도 작은 소호형 사무실이 가능한 주거시설을 고려하게 된다. 층고 높은 지하공간의 임대도 충분히 가능하다는 결론을 얻었다.

좋은 기획이 있어야
좋은 상가주택이 나온다

| 동교동 UFO 인근지역 임대현황 조사표 |

이면도로에 위치한 필지의 조건과 비슷한 사례를 중심으로 조사

프로그램		임대 적정면적	임대가격	지역적 임대특징	경쟁력 제고 내용
임대 주거	원룸	전용면적 : 6~8평	보증금 : 1~3천만원 월세 : 40~50만원	풀옵션 선호	독립된 샤워시설 채광과 환기 고려
	투룸	전용면적 : 12~15평	전세: 9천만~2억원	신혼부부 수요 작업실 겸용 숙소 수요 풀옵션을 선호	개성 있는 복층형 고려 세대당 테라스 공간 고려 화장실 2개 고려
			보증금 : 5천만~ 1억원 월세 : 50~70만원		
	쓰리룸	전용면적: 18~25평	전세: 1억8천~2억 5천만원	3인 이상 가족 수요	수납공간 고려 테라스공간 고려
근린 생활	사무실/ 스튜디오	전용면적 : 18~30평	보증금 : 2천~4천만원 월세 : 80~150만원	스튜디오는 층고 높은 지하공간을 선호 스튜디오 종류(사진, 음악, 디자인, 공방류 등) 전용 화장실 공간 선호 천정고가 높은 공간 선호 바닥재 투명 에폭시 선호	최대한 층고를 높게 고려 테라스활용을 선호 채광과 조망 고려
	부동산/ 소매점/ 소형사무실	전용면적 : 8~15평	보증금: 2천~ 4천만원 월세 : 50~100만원	적은 평수를 선호	개방감 있는 공간 고려

구분	내용
엘리베이터	지역적으로 볼 때 세입자들이 비용이 좀 더 많아지더라도 엘리베이터가 있는 건물을 선호함
주차장	지하철, 버스의 교통이 좋아 주차장은 임대에서 크게 중요하지 않음
CCTV	보안이나 안전을 위해 CCTV가 설치된 곳을 선호함
건물의 외관	지역적 특성상 개성 있고 공간효율이 높은 건물로 높은 임대료를 받을 수 있는 지역 (공사비 대비 임대경쟁력 고려)

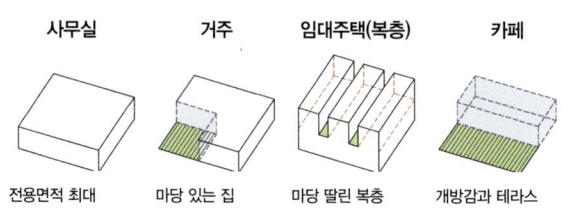

사무실	거주	임대주택(복층)	카페
전용면적 최대	마당 있는 집	마당 딸린 복층	개방감과 테라스

[프로그램 유형]

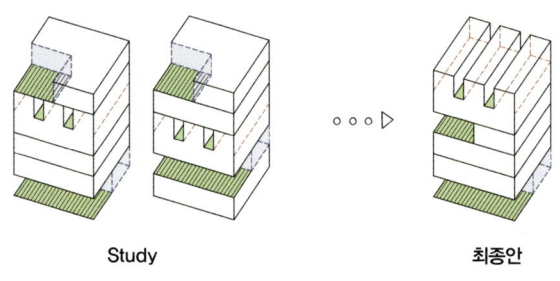

Study　　　　　　　　　　　　　　　최종안

[수직적 병치]

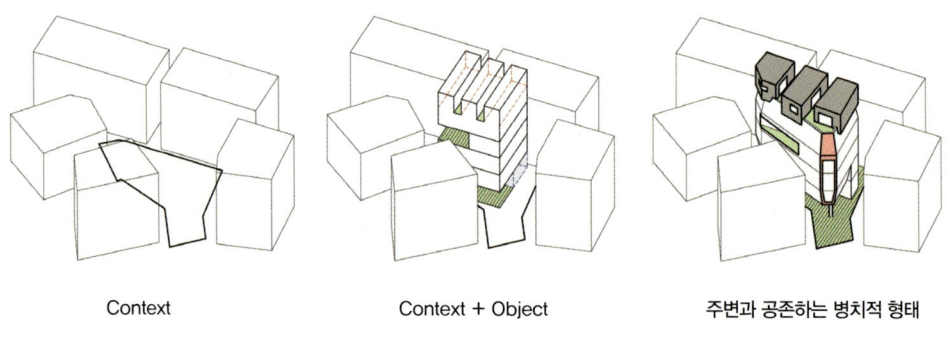

Context　　　　Context + Object　　　　주변과 공존하는 병치적 형태

[컨텍스트와 변형]

좋은 기획이 있어야
좋은 상가주택이 나온다

| 동교동 UFO 사업수지 분석표 |

단위: 원

구분			세대수	보증금	월세	비고
임대수익	보증금	지하층 근생	1	20,000,000	1,500,000	전용 25평
		1층 근생	1	10,000,000	500,000	전용 9평
		2층 근생	1	100,000,000	7,000,000	전용 23평
		3층 근생	1			전용 29평
		4층 자가주택	1			자가주택(24평)
	5층,6층 투룸		1	300,000,000		전용 18평 기준/전세
			1	280,000,000		전용 15평 기준/전세
				270,000,000		전용 15평 기준/전세
	합계			980,000,000	9,000,000	

구분			금액	비고
비용	건축비	직접공사비	945,600,000	480만원/평
		인입비	8,865,000	전기, 도시가스, 상하수도
		철거비	20,000,000	
	용역비	설계/감리비	40,000,000	
	기타비용	세금/가구비	75,648,000	직접공사비의 10% 내외 예상
	토지비		1,706,640,000	기존구옥 토지소유 (평당 2400만원 가정)
	합계	2,796,753,000		
수익율	현재수익율		7.85%	9억 대출 4% 이자 가정

임대수익율 계산 = [월세 x 12개월 – 대출이자 등] / [개발총비용–보증금–대출원금]
이 표는 하나의 예시이며 실제와 다소 차이가 있을 수 있다.

Point

임대보증금을 확보하면 초기투자비용 부담을 줄일 수 있다

동교동 UFO의 사업수지 분석표를 보면, 임대에서 나오는 보증금이 많다. 따라서 대출을 활용해 초기 개발비용을 조달해도 자금 흐름에 문제가 없는 프로젝트다.
이처럼 철저한 시장조사를 통해 임대보증금을 충분히 확보할 수 있는 건물을 기획한다면 초기개발비용 부담을 낮출 수 있고 훗날 높은 수익률도 거둘 수 있다. 특히 토지주가 직접 개발했기에 더욱 높은 수익률을 올릴 수 있다.

3

모든 건축주가 풀어야 할 숙제,
나만의 스토리 찾기

혹시 "상가주택은 살기가 불편하다"는 선입견을 가지고 있는 독자라면, 다음 내용을 꼭 읽어야 한다.

상가주택도 집이라는 점을 망각해서는 안 된다. 오로지 상가나 사무실이 들어찬 상가와 상가주택은 엄연히 다르다.

상가주택은 주택에 속한다. 상가주택이 들어설 수 있는 용지가 1종, 2종 주거용지나 신도시의 단독주택용지 안에 있는 점포 겸용 단독주택용지 등으로 제한되는 이유다. 건축용어로는 점포 겸용 주택이라고 부른다. 주택지 안에 소규모 점포가 있는 주택이라는 의미다. 가끔 상가주택을 수익형부동산이라고만 생각해서 주택의 기능을 매우 소홀히 취급하는 경우를 보는데 안타깝다.

요즘에는 상가주택을 즐겁게 짓는 사람들이 많다. 내 집 마련 욕구나, 마당 있는 단독주택에 살고 싶은 로망을 상가주택에 얼마든지 반영할 수 있기 때문이다. 과거 대다수의 상가주택은 임대만을 고려한 나머지 본인이 사는 공간임에도 불구하고 주거환경을 만족스럽게 꾸리지 못한 경향이 컸다. 지금은 사정이 달라져서 얼마든지 사는 사람의 꿈을 실현할 수 있는 주택으로 상가주택이 부상하고 있다.

그렇다면 상가주택에 단독주택의 로망을 어떻게 실현할 수 있는 것일까. 어찌 보면 간단하다. 자신이 꿈꾸는 삶을 건축에 반영하면 되는 것이다. 건축주의 삶이 스토리가 되어 공간이나 형태로 도출되면, 그것이 바로 건물의 개성을 만드는 출발점이 될 수 있다.

상가도 만들고 임대도 해야 하는 상가주택에서 주인의 생활공간을 개성 있게 만드는 게 어디까지 가능할까 의구심이 들 수 있다. 얼마든지 가능하니 지금 당장 위시리스트를 작성해보라.

내 삶의 이야기를 들려주라

"어떤 집에서 살고 싶습니까?"

건축주와 처음 대면하면 어김없이 이런 질문을 한다.
그러면, 10명 중 9명이 다음과 같은 대답을 내놓는다.

"방 3개에 거실, 부엌, 욕실 2개, 안방에 드레스룸이 있어야 하고… 30평대로 짓고 싶어요."

아파트의 삶이 얼마나 많은 것을 잃게 했는지 깨닫는 순간이다.

우리는 아파트처럼 일률적으로 똑같이 만든 공간에 맞춰 살아왔기에 스스로 집의 주체가 되지 못했다.

물론 질문에도 모순이 있다. 어떤 집이냐 물으면 건축주는 자기 경험에 비추어 대답을 할 수밖에 없다. 여러 형태의 건물에서 살아보며 장단점을 구분할 수 있는 사람이 아니라면 선뜻 어떤 집에 살고 싶다고 말하기 어려울 것이다. 인터넷을 뒤져 유혹되는 이미지를 바탕으로 이야기를 꺼내는 것이 고작이다. 결국 질문부터가 잘못됐다. 건축주의 삶을 파악하기에 한계가 있는 질문이다.

그러면 다시 질문을 다양하게 바꾸어 보자.

"지금은 어떻게 생활하고 있습니까?"

"앞으로는 어떻게 생활하고 싶습니까?"

"가족들에게 중요한 생활이나 공간은 어디인가요?"

"원하는 공간을 자유롭게 말해 주세요."(남편, 아내, 자녀 각각에게 질문)

"나만의 공간이 있기를 바랍니까? 그렇다면 어떤 규모와 기능의 공간이길 바랍니까?"

"자신이 원하는 삶에 대해 두서없이 말해 보세요."

건축주가 원하는 삶을 이끌어내기 위해서는 다양한 질문이 있어야 한다. 답변 역시 가족을 대변하는 한 사람(아빠나 엄마)이 담당하는 게 아니라, 가족 구성원 모두가 각자의 답변서를 작성해야 한다. 그래야만 간접적으로나마 건축주 가족의 삶을 이해할 수 있는 실마리를 얻는다. 사실 몇 시간의 짧은 면담 속에서 건축주의 삶을 제대로 파악하기란 쉽지 않다. 따라서 좀 더 많은 다양한 질문을 집 짓는 가족들 스스로에게 던지고 답하는 시간이 충분히 필요하다.

이렇게 만들어진 다양한 답변은 삶의 스토리가 되어 공간으로 흘러들어, 나만의 건축이 된다.

통영 도마집의 스토리와 위시리스트

"우리는 책을 좋아하는 가족입니다."
첫 미팅이 있던 날, 통영 도마집의 건축주 부부는 대뜸 이렇게 말했다.
'도마집'이라는 멋진 명칭도 건축주가 직접 지은 이름으로, '도서관을 품은 마당집'이라는 뜻이 담겨 있다.

가족들이 책을 좋아하기에 집 안 어디서나 책과 같이 생활할 수 있는 공간이 되었으면 한다는 바람을 전했다. 2시간이 넘는 시간 동안 이들 부부는 건축가에게 많은 얘기를 하고 싶어 했다. 하지만 긴긴 얘기 속 내용들은 대부분 방의 수, 실의 크기, 수납, 환기, 단열 등의 기능적이고 정량적인 바람으로 채워졌다.

그래서 건축주 가족에게 숙제를 냈다. 가족 개개인이 각각 작성해야 하는 설문지였다. 서로에게 관여하지 말고 각자가 원하는 집을 A4용지에 두서없이 적어서 전달해 달라고 했다. 10일 정도 후에 숙제가 도착했다. 답을 본 순간 숙제를 참 잘했다는 생각이 들 정도로 자신의 의견을 꼼꼼히 전달하고 있었다.

실감나게 적은 답변들을 과감 없이 그대로 소개한다.

< 내가 꿈꾸는 집 > 아빠

· 피곤 해소되는 욕조 주택

· 넓은 마당에 데크 - 아들 놀이 아들든 바베큐 등로 지 마당)
  ↳ 아이들이 공구 있을 그늘 (또는 필로티)

· 남쪽으로 햇살이 버려지는 거실 겸 주방.
  - 큰 아일랜드 식탁에서 대형 테이블 마주하며 빈겅이 검색 요리
  - 충분한 수납 위한 다용도실
  - 가족 깜짝파티 어때 친정 가능한 거실 (주방과 통합 가능)
  - 온 가족이 모여 다양한 활동한 수 있는 애최스러, 배치한
    수 있는 주방

· 부부침실 - 넉넉한 드레스룸과 딤문욕조 및 샤워부스 방개의 토닌

· 각자의방 휴식·취침 놀이가 구분되는 구성 (또는 다락방)
  ↳ 놀이 공간은 다락 등과 조화를 이루며 역동적인 남자 아이 둘의 애버리
    반신한 수 있도록 구성

· 혼자만의 공간 마련 - 100 인치 추비 크기에 스크린과 빔프로젝터,
  오디오 시스템 구현 공간 필요 (X.눈치 뭐 없고 마음껏 영화보고싶음)

· 아들 장난감 캠핑용품, 스키용품 등 레저 기구 보관한 수납공간.
· 목제품 제작할 수 있는 공간 - 홈이어도 됨.

1 넓은 마당에 데크

- 아이들은 놀이, 어른들은 바비큐 또는 차 마시기. 아이들이 놀 수 있는 그늘(또는 필로티)

2 남측으로 햇살이 내려쬐는 거실 겸 주방

- 큰 아일랜드 식탁에서 마주보며 설거지, 음식조리
- 충분한 수납을 위한 다용도실
- 가족 갤러리 겸 서재 활용 가능한 거실
- 온 가족이 모여 다양한 활동을 할 수 있는 대형 식탁이 배치된 주방

3 부부 침실

- 넉넉한 드레스룸과 월풀욕조, 샤워부스, 별개의 욕실

4 자녀방

- 공부, 취침, 놀이가 구분되는 구획(벽 또는 파티션)
- 놀이 공간은 다락 등과 조화를 이루며 역동적인 남자 아이들의 에너지를 발산할 수 있도록 구성

5 홈시어터 공간 마련

- 100인치 무비 전용 스크린과 빔프로젝트, 오디오 시스템 구현 공간 필요(눈치 보지 않고 마음껏 영화 보고 싶음)

6 아이들 장난감, 캠핑용품, 스키용품 등 레저 기구 보관할 수납공간

7 목제품 제작할 수 있는 공간(1층이어도 됨)

엄마가 원하는 집

엄마가 바라는 집.

· 햇빛 잘 들고 바람 잘 통하는 집.
· 주방에서 거실에서 집안일을 하다가 고개를 돌리면 밖에서 놀고 있는
  애들을 볼수 있는 집.
· 거실 아 주방에서 나가면 작은 정원이나 마당 또는 공간이 있어서 애들이
  볼수 있는 공간이 있어야 함.
  햇살 좋은 날 설거지를 끝낸 엄마가 커피잔을 들고 나갈수 있어야 함.
  - 멋진 공간이 아니어도 의자가 아니어도 앉을 수 있는 공간이 있으면 좋겠음.
· 수납공간이 있어서 물건들을 잘 숨겨서 보관 하고 싶음.
· 방은 아늑하고 편안하게.

• 햇빛 잘 들고 바람 잘 통하는 집
• 주방이나 거실에서 집안일을 하다가 고개를 돌리면 밖에서 놀고 있는 아이들을 볼 수 있는 집
• 거실 또는 주방에서 나가면 작은 정원이나 마당 또는 공간이 있어서 아이들이 놀 수 있는 공간이 있어야 함.
• 햇살 좋은 날 설거지를 끝낸 엄마가 커피 잔을 들고 나갈 수 있어야 함.
• 멋진 공간이 아니더라도, 의자 없이도 앉을 수 있는 공간이 있으면 좋겠음.
• 수납공간이 있어서 물건들을 잘 숨겨서 보관하고 싶음.
• 방은 아늑하고 편안하게

첫째 아들이 원하는 집

〈내가 갖고싶은 집〉 첫째아들
따뜻하고 넓은 집
우리가 놀수 있는 넓고 따뜻한 방

안전하고 위험한 곳이 없는집
엄마가 요리하기쉬운 주병
우리가 놀거나 책을 보는 거실역넓은집
넓고 쾌적한 우리방
우리만의 정원
우리가 놀수있는 마당

- 따뜻하고 넓은 집
- 우리가 놀 수 있는 넓고 따뜻한 방
- 안전하고 위험한 곳이 없는 집
- 엄마가 요리하기 쉬운 주방
- 우리가 놀거나 책을 보는 거실이 넓은 집
- 넓고 쾌적한 우리 방
- 우리만의 정원
- 우리가 놀 수 있는 마당

둘째 아들이 원하는 집

〈내가 갖고 싶은집〉둘째아들
안전하고 재미있게 놀수 있는 집.
잘때 시끄럽지 않고 잘 잘수있는
집. 창문이 많고 따뜻한 집.

- 안전하고 재미있게 놀 수 있는 집
- 잘 때 시끄럽지 않고 잘 잘 수 있는 집
- 창문이 많고 따뜻한 집

셋째 아들이 원하는 집

'책집+마당집+놀이집' 트리오가 탄생하다

위시리스트에는 많은 정보가 들어있다. 도마집 가족들이 무엇을 좋아하는지, 가족들에게 어떤 공간이 중요한지, 가족들이 각 실에서 어떻게 생활하는지, 집이 어떤 공간이기를 바라는지, 집에 대한 여러 생각들을 잘 적어 주어 어렵지 않게 집의 개념을 잡을 수 있었다.

위시리스트에서 찾은 도마집의 개념은 크게 세 가지다. 책집, 마당집, 놀이집. 이러한 개념을 바탕으로 건축가는 건축주에게 초기계획안을 선보였다.

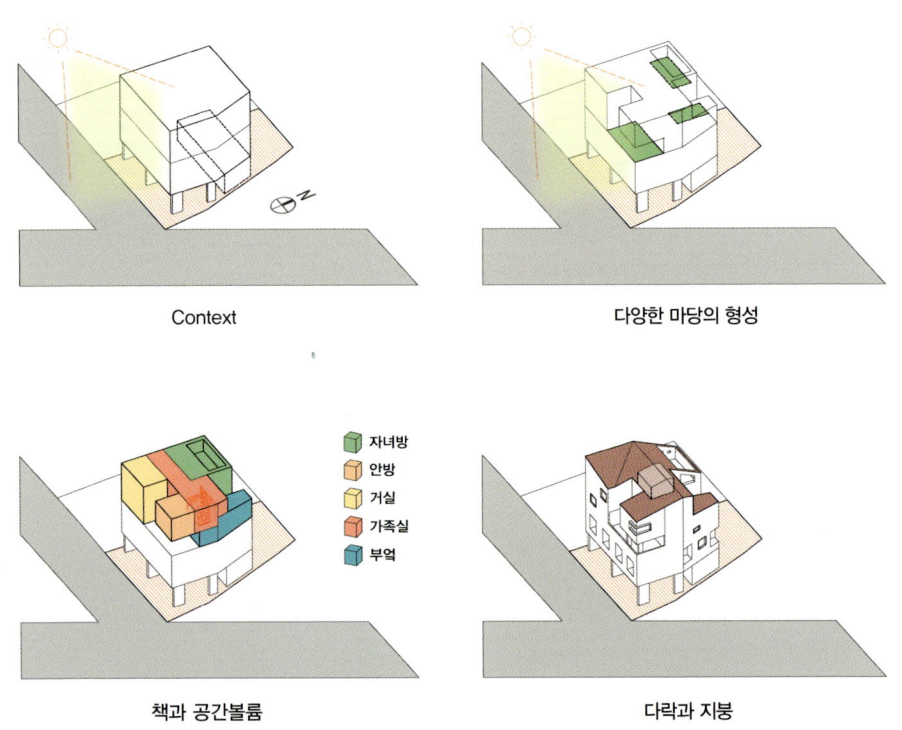

Context

다양한 마당의 형성

책과 공간볼륨

다락과 지붕

자녀방
안방
거실
가족실
부엌

좋은 기획이 있어야
좋은 상가주택이 나온다

🏠 도서관을 품은 책집

　책을 좋아하고 어디서나 읽을 수 있기를 바라는 가족들의 공통적인 바람은 이런 공간을 구상하게 해주었다. 집의 중앙에 작은 도서관을 만들고 여러 실들이 중앙의 책 공간과 관계를 맺어가는 것이다. 이 작은 도서관은 집의 중심공간에 위치한 계단 실과 어우러지면 계단까지도 활용할 수 있게끔 도왔다.

　책집의 상징인 책꽂이는 1층의 작은 도서관과 계단실, 2층 놀이방까지 이어져 입체적인 책 공간이 만들어졌다. 이를 중심으로 1층은 거실과 식당/주방, 손님방이 연계되고, 2층은 안방과 아이들 방, 다락까지 연계되어 있다.

　도서관을 품은 책집은 이들 가족들만의 집이 되는 중요한 공간인 것이다.

좋은 기획이 있어야
좋은 상가주택이 나온다

🏠 다양한 힐링이 있는 마당집

두 번째로 중요한 요구 사항은 마당이었다. 마당은 여러 가족 구성원들의 다양한 삶을 담을 수 있는 공간이기도 했다. 마당에 대한 가족 구성원의 요구는 제각각이다.

아빠는 아이들이 놀 수 있는 마당, 또는 가족들이 바비큐를 할 수 있는 공간인 마당을 원했다. 반면, 엄마가 원하는 마당은 부엌일을 끝내고 편안히 커피 한 잔을 여유롭게 마실 수 있는 공간이었다. 또한 아이들은 마음껏 뛰어놀 수 있는 마당이기를 원했다.

이러한 요구사항은 여러 마당에 담겼다. 남쪽의 큰 안마당은 거실과 식당, 주방에서 모두 내다볼 수 있는 공간으로, 엄마의 휴식과 아이들의 놀이, 가족의 파티가 가능하다.

손님방과 식당 사이에 있는 북쪽의 부엌마당은 북쪽의 어린이 공원의 조망이 가능하며 부엌일과 연계된 다양한 편의 공간이 되기도 한다. 이 마당은 손님방에서도 좋

은 공간적 역할을 하게 된다.

2층의 자녀방과 연계된 하늘마당은 자녀들이 항상 방에서 나와 마당을 접할 수 있게 하려는 배려다. 하늘마당은 아래쪽 부엌마당과 소통할 수 있으며 전망이 좋은 북쪽 면 풍경을 바라 볼 수 있다.

이처럼 마당들은 다양한 일상이 생성되는 풍부한 장소이면서 건축형태를 만들어내는 공간언어가 된다.

🏠 놀이와 공부가 어우러진 다락집

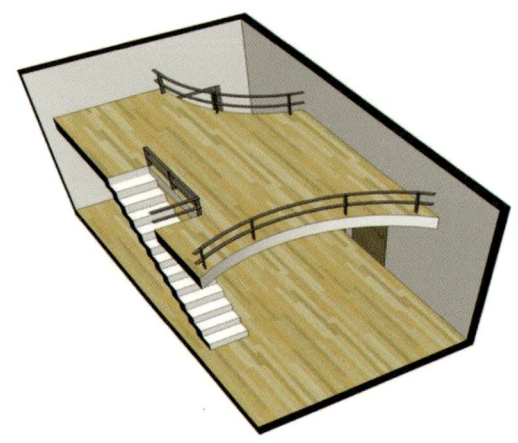

아이들이 바라는 집을 어떻게 만들 것인가. 이것은 건축주 부부와 건축가의 공동 과제였다. 도마집이 추억이라는 기억을 담을 수 있는 여백이기를 원했다.

그래서 이 집에 아이들이 채워나갈 다양한 여백의 공간을 두었다. 놀이방과 연계된 놀이마당, 독서계단과 연계된 가족도서관, 자녀방과 연계된 하늘마당, 4층 가족실 위 지붕에 매달린 작은 다락방 등이 그런 여백이다.

이처럼 아이들에게 도마집은 일상을 채우는 단순한 공간만이 아니라 놀이와 공부가 어우러진 추억의 장소가 되기를 바랐다.

좋은 기획이 있어야
좋은 상가주택이 나온다

상도동 반달집의 스토리와 위시리스트

상도동 반달집의 부부는 건축가가 운영하는 집짓기 모임에 찾아 왔던 건축주다. 부부는 열악한 땅을 매입하고 설계를 하기 위해 여러 건축사사무소를 찾아다녔다고 했다. 하지만 부정적인 답변과 함께 선뜻 설계에 나서는 건축가가 없어서 집짓기 모임을 찾게 된 것이다.

"재밌는 건물이 되겠네요."

부부가 내민 땅 도면을 본 순간, 내뱉은 말이다.

이 말이 인연이 되어 반달집을 설계하게 되었다. 비뚤어진 삼각 형태의 열악한 땅이지만 건축가의 눈에는 충분히 매력적인 땅으로 보였던 것이다.

반달집 건축주의 집에 대한 위시리스트는 다음과 같다.

좋은 기획이 있어야
좋은 상가주택이 나온다

반달집 건축주의 위시리스트

지하1층 (조리실)

★주요시설물
★ 냉장,냉동고(약3평)
1층포장실과 연결되는 덤웨이터
높은 3구 2조, 낮은 2구 2조
전판 1800사이즈 4조
싱크개수대
4칸냉장고1
조리대
포장대

★희망설비 및 구조
물청소를 매일 하게 되기 때문에 하수,배수시설이 중요
(한군데 물이 고여있지 않고 수평과 물빠짐이 중요합니다)
지하오수저장실은 악취제거와 관리가 잘 되는 구조로 설계!
(현재 주방은 오수탱크의 냄새와 맞은 멀프고장,청소하기 어려운 구조로 관리가 어렵습니다)
오수저장실은 가능하다면 주방에서 제외된 계단밑의 통을 것 같습니다.
지상으로 노출되는 부분에 최대한 크게 창문과 환기창이 많이 필요함.
전기콘센트 인입구는 바닥에서 1.2m이상 떼어 설치했으면 좋겠습니다. 가로폭 1.5m 간격으로 하, 나눠,설치요.
바닥은 미끄러지지 않고 곰팡이가 피지않고 때가 잘 안생기는 재질 - m5두기질바닥제(m크리트)
(기름사용이 없어 많아 논슬립이어도 조리용에는 미끄러워집니다)
천장이 높으면 좋겠습니다.
노출천정으로 하게되면 수증기에 의한 결로,기름때로 인해 피곤대 제거등의 관리가 용이에어 함.
천장배관을 피대한 안보이게!
주방 조명은 꼭 밝아야 합니다. m(LED형광등
주방으로 연결되는 계단은 논슬립표면처리가 되는 바닥재로!
(조리양이 많을 때 계단도 기름묻은 신발로 돌아다니게 되어 평장쇠 미끄러집니다)
지하 화장실 - 정화조문제는 어떻게 해결되는지.
           화장실냄새가 주방으로 유입되지 않게 구조설계
           샤워가 가능하도록 온수, 수전 설치
           1층에서 주방 내려가는 공간에 화장실을 설치하면 어떨까요?
지하공간에 통을 많이 사용하여 결로가 많이 생성됩니다. 결로가 안생기도록
천장이나 벽의 마감재는 오염 물질이나 기름때가 끼어도 닦을 수 있는재질이면 좋겠습니다.
출입문이 컸으면 좋겠니다.
환기 - 급기가 잘 되게 배주십시요.
공사시 에어컨,냉장고 실외기 외부로 설치하기 위한 천공과 공간필요
•우처장 꼳라 후방 출닿늘 쪽 산궁으로 수도과 설치.(안쪽주차량 철(서)
• 모록동 다훈 A욯

지하와 1층간 덤웨이터 설치를 위한 사각천공(?)

1층 (포장실 및 사무실)

★주요시설물
냉장,냉동고 약3평
양문형냉동고 2조
지하와 연결되는 덤웨이터 ✓
포장대(약 2400*1200)
사무용책상,책장 외 캐비닛 ✓
손님상담용 테이블 ✓

포장용기 보관용 앵글 ✓

★희망설비 및 구조
천정은 노출구조로 하여 높이확보
(포장박스를 받아놓을 공간이 필요합니다)
포장실과 주차장이 단차가 없이 수평구조로 운반카 이동이 가능해야 함.
주차장은 탑차가 진입해야 하므로 천정이 있으면 2.5m 높이가 확보되야 함.
바닥은 주방과 같이 미끄러지지 않고 물청소가능한 재질로.
포장실쪽에서 주방과 연결되는 계단확보
물건적재등을 위한 창고공간(가능하다면)
주방과 포장실,주차장등에 CCTV 설치 1층사무실에서 확인가능하게
지하1층2층3층 인터폰으로 연결.
주차장은 입구에 셔터가 설치가능했으면 좋겠습니다.
주차장과 포장실로 연결되는 공간은 통높이로 설치!
(물건 상하차가 편리해야 하고, 특정시즌에 주차장까지 포장공간으로 활용될수 있게)
1층 화장실 - 지하화장실과 가급적 같은 위치에 설계.
           화장실냄새가 포장실로 유입되지 않게 구조설계
           샤워가 가능하도록 온수, 수전 설치
           공간이 된다면 작게 탈의실공간(개별옷장설치할 공간과...) 설계

165

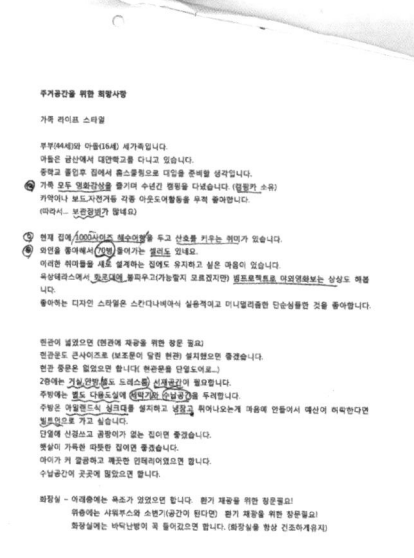

- 우리는 일터와 삶터가 같이 있는 집을 원해요.
- 일터의 공간이 자연채광과 환기가 잘 되었으면 해요.
- 땅이 못생겨도 개성 있는 형태가 되었으면 해요.
- 아들 방은 독립된 영역으로 부부와 구별되었으면 해요.
- 캠핑을 즐기는데 마당 공간이 없어 옥상을 활용할 수 있을까요?
- 작은 방을 만들어 서재나 취미방으로 활용하거나, 또는 손님방으로도 사용하고 싶어요.
- 취미방은 작은 테라스가 같이 있으면 좋겠어요.
- 옥상에 장독대를 둘 수 있는 공간도 확보해주세요.

좋은 기획이 있어야
좋은 상가주택이 나온다

간단하면서도 요구사항이 명료한 반달집 건축주의 위시리스트를 받아든 몇 주 후 3가지 개념을 담은 반달집 계획안을 브리핑하게 되었다.

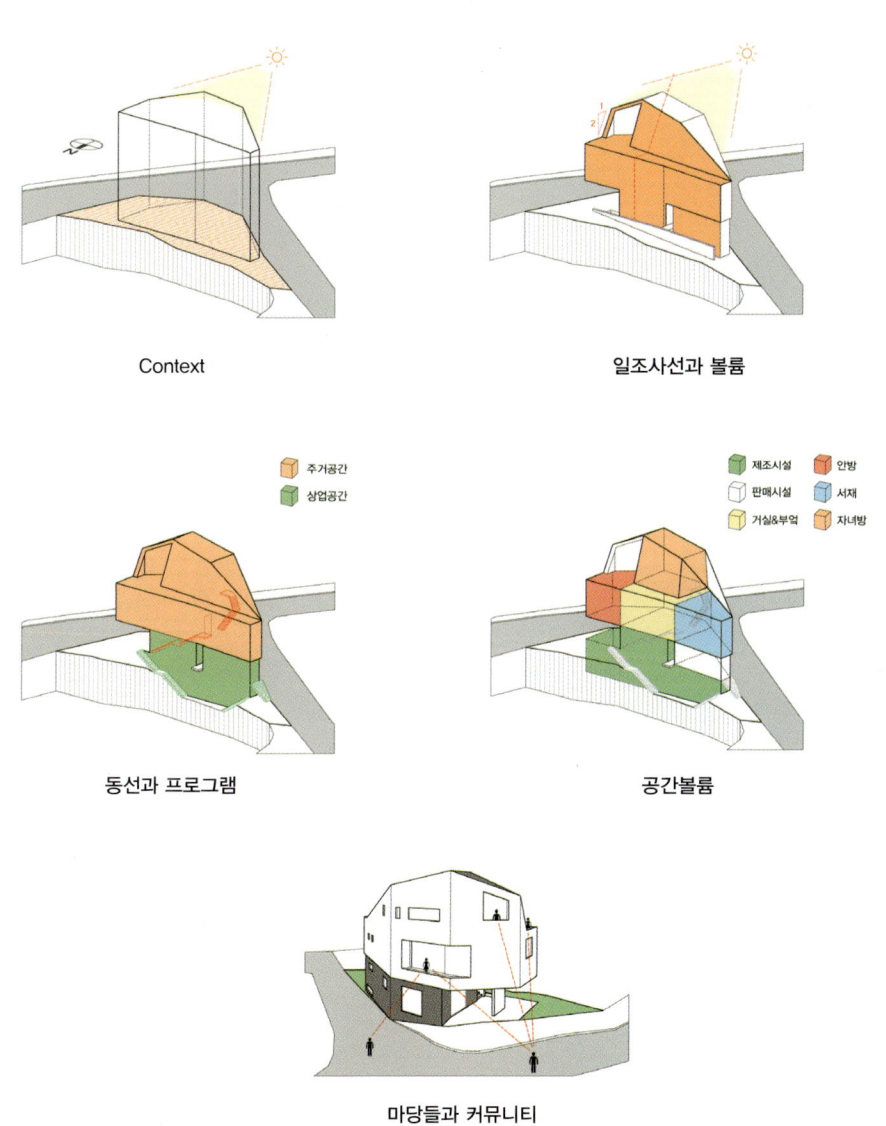

Context

일조사선과 볼륨

주거공간
상업공간

동선과 프로그램

제조시설   안방
판매시설   서재
거실&부엌   자녀방

공간볼륨

마당들과 커뮤니티

못생긴 땅을 개성 있게 만든 '반달집'이 탄생하다

삼각형 모양의 못생긴 땅은 반달 형태의 개성 있는 집이 되었다. 낮은 북쪽 필지가 인접해 있는 땅으로 북측 일조사선과 땅 형태의 윤곽이 만나 다이내믹하면서도 개성 있는 건물을 만들 수 있었다.

도로와 접하는 1층은 전벽돌로 마감해 도로나 북쪽 아파트쪽 담장에 대응한다. 2,3층의 매스는 흰색 스타코로 마감해 길에서 볼 때 밝은 반달집 이미지를 느끼게 된다.

위치에 따라 다양한 형태로 보여지는 반달집은 동네 사람들에게 재미있는 풍경을 제공하는 조형물이 될 것이다.

좋은 기획이 있어야
좋은 상가주택이 나온다

[초기 외부 스케치업과 실제 지어진 모습]

🏠 집과 일터가 공존하는 집

　건물은 크게 사업장과 살림집으로 구성된다. 좁은 땅에서 두 영역을 구성하는 전략은 진입로의 분리다. 사업장과 살림집으로 접근하는 계단실을 별도로 계획한다. 지하층은 사업장(음식 만드는 곳), 1층은 사무실과 포장실, 2~3층은 살림집으로 구성된다.

　지하층으로 내려가는 계단은 양쪽에서 모두 이용할 수 있다. 또한 지하층에 채광과 환기 기능을 제공한다.

　상층부 살림집은 반달모양의 평면 윤곽을 이용해 개성 있는 방들이 구성된다. 현관에 들어서면 서재방이 있다. 거실 주방과 분리되어 남편의 독립적인 취미생활이나 손님방으로 사용 가능하다. 3층은 자녀만의 분리된 독립공간으로 옥상마당과 다락방이 연계되어 공간의 풍부함을 더하고 있다.

**좋은 기획이 있어야
좋은 상가주택이 나온다**

🏠 취미생활로 활용되는 옥상 마당집

가족들의 요구사항 중에는 캠핑 같은 취미생활이나 장독대 만들기, 바비큐 등을 할 수 있는 외부공간이 있었다. 하지만 실사용 면적이 협소한 문제로 외부공간은 3 층으로 올라갔다. 3층 자녀방 영역과 연계된 지붕 마당을 활용한 것. 바닥에 불을 피울 수 있는 자리도 마련하는 등 버려지기 쉬운 옥상을 좀 더 적극적인 장소로 만들게 된다.

도마집과 반달집 두 사례를 통해 보았듯이, 집짓기 과정은 건축주와 건축가가 상호소통하면서 지어지는 이야기 집이어야 한다. 일방적인 용역으로 지어지는 정량적인 건물이 아니라 서로의 소통 속에서 태어난 가족 맞춤형 집이 되었을 때 비로소 세상에 하나밖에 없는 '우리집'이 되는 것이다.

PART 3

상가주택 잘 짓는 비법은
따로 있다

1

상가주택 설계는
달라야 한다

"상가주택 2층에 사는데, 집에 드나들 때마다 식당 옆문을 지나야 해서 불편해요."

서울 근교 신도시에 지어진 상가주택에 입주한 신혼부부가 토로한 불만이다. 처음에는 새 집이어서 깨끗하고 좋았으나 곧 1층 식당이 입점하면서 불편이 시작됐다. 주택 출입구를 이용하려면 항상 식당 옆문을 지나야 했던 것이다. 식자재를 쌓아둔 통로를 지나기도 불편했거니와 문을 비집고 풍겨 나오는 음식냄새에 비위가 상해 저녁 밥맛을 잃기 일쑤였다.

이 상가주택은 한마디로 설계 실수를 한 것이다. 집으로 드나드는 출입구와 1층 상가의 출입구를 겹쳐 놓았으니 말이다. 서로 다른 목적으로 건물을 사용하는 사람들이 충돌하는 지점이 될 수밖에 없다.

상가주택은 일반 주택과 다르다는 점을 인지해야 한다. 여러 기능이 한 건물에 복합되다 보니 신경 쓸 부분이 많을 수밖에 없다. 설계에서부터 상가주택의 특성을 잘 반영하는 게 중요하다는 얘기다.

상가주택이기 때문에 신경 써야 하는 부분은 건축주도 꼭 알아야 한다. 설계 과정에서 이런 부분을 놓치고는 지어놓고 나서야 불편함을 호소하는 상가주택을 흔히 보게 된다. 반대로, 상가주택의 설계 요소를 잘 살려낸 집은 오랜 시간 공실 없이 세입자가 꽉꽉 들어찬다.

상가 동선과 주거 동선을 분리하라

무엇보다 상가주택은 저층부에 있는 상가와 상층부에 있는 주거공간을 이용할 때 필요한 동선을 잘 계획해야 한다. 상가와 주거공간의 동선이 겹치게 될 때 많은 불편함이 생긴다. 특히 상가 업종이 음식점이나 술집처럼 손님이 많으면서 밤에도 영업을 해야 하는 경우는 주거 동선의 사용자들이 상가 사용자들로 인해 불편을 호소하게 된다. 특히 상가의 화장실을 사용할 때 주거 동선과 겹치는 것은 더욱 불편하다.

따라서 처음부터 건축주는 상가의 업종을 예상해서 화장실의 위치나 동선 분리를 미리 고려해야 한다.

양주 옥정 신도시 상가주택(계획안)을 예로 들어보자. 이 프로젝트의 1층 상가는 3개의 작은 상가로 나누거나 합쳐서 하나의 큰 상가로 쓸 수 있게 계획했다. 이때 상가 동선과 주거 동선은 분리되어 서로의 불편을 최소화했다.

화장실의 배치에도 신경 썼다. 상가를 분리해 임대할 경우 외부 화장실을 이용할 수 있도록 했고, 통으로 상가가 임대될 경우에는 내부에서 화장실을 사용할 수 있도록 동선을 만들어 두었다.

상가주택 잘 짓는 비법은
따로 있다

주거층 거주자들의 출입도 배려해야 한다. 1층 로비를 통해 주차장으로 나서는 데 불편함이 없도록 했다.

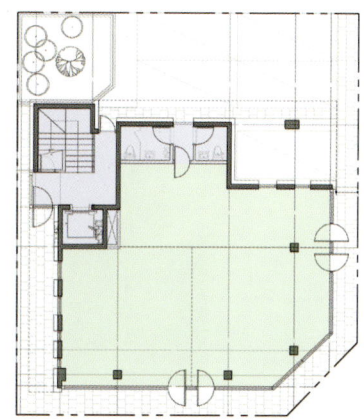

양주 옥정 신도시 상가주택의 출입구 조감도와 1층 평면도

주인세대는 꼭 마지막 층에 있어야 하는가?

일반적으로 상가주택은 주인세대가 맨 위층에 있어야 한다는 고정관념을 갖는다. 하지만 주인세대의 라이프스타일이나 사용면적, 임대주택의 경쟁력 등을 고려할 때 주인세대가 꼭 마지막 층에 있을 이유는 없다.

주인세대가 최상층의 다락이나 마당을 활용할 필요가 없는 경우라면 중간층으로 내려오고, 맨 위층은 임대하는 게 경쟁력이 있다.

예를 들어, 동교동 상가주택은 주인세대가 4층에 들어서고 5,6층을 임대형 복층으로 구성한 프로젝트이다. 건축주인 노부부는 마당을 누릴 수 있는 세대를 요구했는데, 그렇다면 굳이 최상층에 배치할 이유가 없었다. 중간층에도 얼마든지 마당을 형성할 수 있기 때문이다. 마당과 복층이라는 두 가지 조건을 갖춘 5~6층 임대세대는 최고의 경쟁력을 갖추게 되어, 같은 동네에 위치한 같은 면적의 임대주택보다 2배 가까운 임대료를 받아 초기건축비를 충당할 수 있었다.

5 · 6층
복층형 2룸/3세대

4층
마당을 둔 주인세대

지하+1~3층
상가 · 사무실

동교동 상가주택의 주인세대와 임대세대 구성

출입구는 건축물의 대문이다

대문은 집의 얼굴과 같은 중요한 요소다. 오늘날 지어지는 상가주택은 딱히 대문이랄 게 없는 구조여서 건물의 출입구가 대문의 역할을 하고 있다.

그런데 대부분의 상가주택들이 1층 상가와 주차장 배치를 우선해서 주거세대의 출입구는 구석진 곳에 옹색한 모습으로 갖다 놓는 것을 본다. 날마다 드나드는 출입구가 이래서는 사는 사람이 즐거울 수 없다.

상가주택 잘 짓는 비법은
따로 있다

상가주택 출입구를 대문처럼 조성해야 한다. 잘 만들어진 출입구는 건물을 접하는 사용자를 기분 좋게 만들기도 하고 건물의 가치를 높이는 요소가 되기도 한다.

주차장과 연계되는 출입구를 만들 경우에는 출입구에 쾌적감을 줄 수 있는 바닥 재료나 천장 재료를 선택하고 디자인에도 신경 쓰는 게 좋다. 또는 출입구를 길과 면 해 있는 기분 좋은 오픈 공간으로 조성하면 건물의 얼굴이 될 수 있다. 여기서 주차 장은 주차만 하는 부수적인 공간이 아니라 건물의 계단실을 만나는 통로가 되기도 하 며, 주차를 하지 않을 때는 동네사람들이 모이는 커뮤니티 공간이 되기도 할 것이다.

왼쪽 : 망원동 모퉁이집 출입구. 밝고 환한 자동문 출입구이다. 바닥재도 주차장과 구분되어 안전 확보 및 디자인의 역 할도 한다.
오른쪽 : 상도동 반달집 출입구. 주차장이 출입구이자 길과 만나는 건물의 전경이 되도록 계획했다.

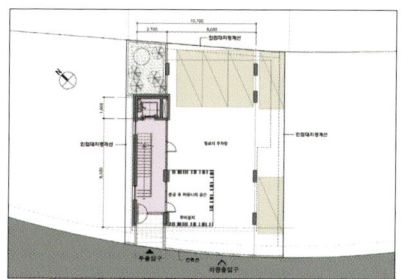

왼쪽 : 동교동 UFO 출입구. 좁은 출입구의 불리함을 극적인 출입구의 모습으로 디자인해 매력을 더한 계획이다.
오른쪽 : 부천 옥길 신도시 상가주택 출입구. 주차장이자 가족들의 커뮤니티 공간으로 활용되는 출입구다.

임대세대의 경쟁력을 찾아야 한다

상가주택에서 임대세대는 처음부터 주변 건물들보다 경쟁력 면에서 우위가 되게끔 계획해야 한다. 만약 그 지역에서 임대주택 공급이 많아지면 세입자는 좀 더 편리하고 좋은 공간을 찾아 이동하게 되어 있다. 지금 경쟁력 있게 지어 놓으면 미래의 상황에 대비할 수 있는 것이다.

임대세대를 잘 지으면 더 많은 임대료를 받을 수 있다는 점도 무시하지 못한다. 임대세대의 경쟁력을 위해 비싼 마감이나 자재를 사용하라는 것이 아니다. 사용자의 입장에서 계획적으로 배려된 공간을 찾아야 한다는 의미이다. 옥상이나 지붕층 같은 공간을 활용하는 것이 대표적인 방법이다. 같은 집이라도 외부에 노출된 테라스나 활용하기 적합한 마당이 있다면 그 값어치는 확 달라진다.

가구나 전자제품 같은 빌트인 품목들의 수준을 사용자의 눈높이에 맞추는 것도 중요하다. 특히 가구는 어떻게 디자인하고 계획하느냐에 따라 집의 활용도를 확 바꿔 놓는 요소다.

지하층을 파야 하는 기준은 무엇인가?

지하층 조성 여부는 신중하게 판단해야 한다. 지하층 공사비가 지상층 공사비보다 훨씬 많이 들어가기 때문이다. 지하층을 만들려면 지상보다 추가되는 공정이 많다. 흙막이공사와 방수작업, 지하외벽의 방습벽 작업 등이 그것이다.

지하층을 파는 기준은 임대여부다. 지하층이 공실 없이 충분히 임대가 나갈 수 있

임대 원룸에 작은 발코니를 두어 사용자의 거주환경을 배려했다.

임대조사를 통해 지하층의 수요가 충분했던 동교동 상가주택. 층고를 높이고 선큰을 도입해 자연채광과 환기를 해결했더니 매력 있는 공간이 되었다.

는 지역인지 먼저 파악해야 한다. 그리고 공사비 대비 임대료를 비교해 수익성이 있는지도 따져야 한다. 물론 수익성과는 별개로 조성할 수도 있다. 건추주가 사용하는 지상층 면적이 부족할 경우 사용면적을 확보하기 위해 지하층을 활용할 수도 있다.

어떤 이유로 지하층을 만들든 간에 반드시 신경 써야 할 점이 있다. 바로 채광과 환기다. 지하층이라 해도 쾌적함이 유지되도록 짓지 않으면 훗날 임대하기 어렵게 된다. 바람과 빛이 드나들 수 있는 선큰 공간을 둔다거나 지상을 향해 환기 창을 내는 방법이 있다.

용적률을 다 채우는 게 좋은 것은 아니다

건축주들은 일반적으로 법이 정한 용적률에 꽉 맞춰 집을 지으려고 한다. 용적률이란 대지 면적에 대한 건물 연면적의 비율을 말한다. 예로 100평의 대지에 각층 바닥 면적이 70평인 건물 3층(연면적 210평)을 지었다면, 이 건물의 용적률은 210%이다.

왜 용적률에 목숨을 거는 것일까. 한 뼘이라도 더 실내면적으로 소유하려는 욕심 때문이며, 면적은 곧 임대료와 연관되기 때문이다.

하지만 용적률을 전부 찾아 쓰는 게 모든 건물에 유리한 건 아니다. 어떤 땅은 주차대수와의 관계를 계산했을 때 용적률을 꽉 채우지 않는 게 사업성 면에서 더 유리한 경우가 있다. 실내면적이 늘어나면 주차대수도 늘어나기 마련이고, 주차대수가 늘어나면 1층 임대상가 면적이 줄어들기 마련이다. 주거용 실내면적을 늘리는 게 이득인지, 임대상가 면적을 늘리는 게 이익인지 따져야 한다.

주어진 예산이 부족할 때도 용적률에 욕심을 부려서는 안 된다. 상가주택 개발로 인한 리스크를 최소화하기 위해서는 예산에 맞는 용적률을 먼저 계획하는 게 순리다.

다만 추후 자금이 확보되면 증축할 것에 대비해서 1차 건축설계시에 구조나 설비를 미리 반영해 두는 것이 합리적이다.

위는 적정 용적률을 찾아 1층을 최대한 확보한 안이고, 아래는 최대 용적율을 찾았으나 1층 면적이 적은 안이다. 용적률이 줄면서 상가임대수익이 늘고 전체 공사비가 절약되는 효과를 보게 됐다.

맞춤형 설계로 계획된 다양한 주인주택의 사례들

상가주택 잘 짓는 비법은
따로 있다

주인세대가 좋으면 건물 매매가 쉽다

주인세대는 임대세대와는 다르게 맞춤형 설계가 가능하다. 건축주 본인의 라이프 스타일에 맞게 맞춤형 주거를 만들면서 건물의 형태나 이미지 면에서도 개성 있는 건물로 디자인할 수 있다. 이러한 건물은 부동산적 가치도 높게 평가 받을 수 있다. 건물 매매 유리, 임대료 상승 등 부가적인 이익을 얻게 되는 중요한 요인이다.

공사비 사용에 있어 선택과 집중을 하라

건축주가 자금이 넉넉해서 최상의 자재와 디자인으로 최고의 건물을 만들 수 있으면 가장 좋을 것이다. 하지만 주어진 자금이 한정되어 있고, 그 한정된 자금 안에서 좋은 건축물을 만들어 나가야 하는 게 현실이다. 그러자면, 자금을 사용함에 있어 선택과 집중이 절대적으로 필요하다.

상가주택은 근린생활시설과 주거시설로 나뉘면서 시설별로 들어가는 공사비에도 차이가 생긴다. 근린생활시설보다는 주거시설 공정이 더 많고 공사비도 더 든다. 공사비가 들어가는 부분은 크게 외관, 계단실과 같은 공용부, 임대주거, 주인주거, 근린생활시설로 나눠볼 수 있다.

이중 공사비를 들여도 효과가 없는 곳은 과감히 공사비를 줄이는 게 우선이다. 반대로 공사비를 최소화하면서도 효과를 낼 수 있는 곳은 최대한 살리는 방법으로 자금을 배분해야 한다.

공사비의 선택과 집중을 위해서는 다음과 같은 전략이 유효하다.

- 공사비 비중이 높더라도 건물가치를 최대한 살리는 외관 디자인 계획
- 임대주거는 저렴하지만 유지관리가 실용적인 자재와 공간 활용도가 높은 디자인 적용
- 공용부 면적은 최소화하면서 디자인적인 포인트 찾기
- 주인주거는 공사비가 가능한 범위 내에서 좋은 자재와 맞춤 디자인 적용
- 근린생활시설은 공사비를 최소화할 수 있는 디자인 선정
- 보여지는 건물의 위치와 건축주의 의도에 따라 공사비를 차별화하는 디자인 계획

상가 업종을 반영한 설비공사를 고려하라

상가주택의 저층부는 입점 상가의 업종에 따라 다양한 설비공사가 따르게 된다. 따라서 초기 계획설계부터 업종을 고려한 설비시설을 반영해 두면 훗날 건물을 망가뜨리는 일이 없다.

예로, 에어컨의 경우 실외기를 둘 장소를 미리 계획해서 마련해두는 게 좋다. 입주 후에 실외기 설치를 위해 벽에 구멍을 낸다면 건물 수명에도 도움이 안 된다.

음식점 입점을 고려하고 있다면 환기 덕트도 미리 설치해 두어야 한다. 또, 주방이 위치할 장소를 예측해 물을 사용하는 수전 설비나 배수 설비를 미리 해둔다. 그렇지 못하면 입점 가능한 업종이 제한될 뿐 아니라, 입점을 위한 재공사시 건물 외관이 바뀌는 경우도 발생한다.

초기 기획부터 상권의 분석을 통해 준공 후 들어올 업종을 예상하고 설비공사를 배려하는 것은 공실을 없애고 임대료를 더 받을 수 있는 작지만 중요한 배려이다.

천장과 벽면의 마감을 없애고 노출 콘크리트를 그대로 살려 공사비를 최소화했다. 천장고가 높아지는 효과가 생겼고, 오히려 이런 분위기를 좋아하는 디자인회사에 임대되었다.

2

건축가와 잘 맞아야
만족도 높다

상가주택을 지으려면 누구부터 만나야 할까.

건축가? 시공자? 시공회사?

집짓기와 연관된 다양한 직업들이 있고 저마다의 역할이 있는데, 경험이 없는 건축주들은 잘 구별하지 못한다. 어떤 건축주는 부동산중개업소를 통해 시공자부터 만나 집을 짓기도 하고, 어떤 건축주는 지인을 통해 시공사를 만나기도 한다. 그러다 보면 설계 과정을 두루뭉술 건너뛰기 일쑤다.

최근에는 설계와 시공을 원스톱으로 지원하는 회사도 나타났다. 시공사가 공사를 수주한 후 협력 설계사무소를 통해 설계 상담을 함께 진행하는 형태다. 또는, 시공사와 건축사사무소를 모두 운영하는 곳도 있다.

설계와 시공을 함께 계약하는 방식도 장점이 있긴 하지만, 결과적으로는 설계와 시공을 분리하는 방식이 건축주에겐 더 유리하다. 설계자와 시공사가 서로 견제와 보완의 역할을 해주어야 품질 좋은 건물이 나올 가능성이 높기 때문이다.

요즘은 건축사사무소를 먼저 찾는 건축주가 많아졌다. 단독주택을 짓는 젊은 세대가 늘어나면서 자신들의 개성을 표현해줄 건축가를 찾아 나서기 시작했고, 스타 건축가들이 양산되면서 '주택을 설계해야 한다'는 인식이 퍼지고 있다.

그러나 상가주택을 짓기 위해 건축설계사무소를 찾는 예비건축주는 여전히 드물다. 상가주택은 단독주택보다 더욱 다채로운 공간계획과 임대전략이 필요한 건물임에도 불구하고 여전히 설계의 중요성이 잘 알려지지 않은 것이 원인으로 보인다.

건축가는 좋은 건물을 짓기 위해 꼭 필요한 파트너다. 건축가의 업무와 역할을 이해하고 잘 활용하면 그 이득은 고스란히 건축주의 몫이 된다는 점을 기억하자.

건축가를 잘 활용해야 비용을 절약할 수 있다

건축가를 부르는 명칭은 다양하다. 일단 건축사. 이는 자격증 명칭이다. 그 다음으로 설계사. 작업의 일면을 지칭하는 단순 의미의 호칭이라 할 수 있다. 다음으로 많이 듣는 명칭은 소장이다. 건축사사무소 내의 직급을 의미한다. 마지막으로 건축가가 있다. 건축가는 사회적 역할을 의미할 때 많이 쓰인다. 건축가의 사회적 역할이 중요한 이유는 건축의 특성 때문이다. 건축은 완성되는 순간 건축주만의 소유를 뛰어 넘는 사회적 공동소가 된다. 상가주택도 마찬가지다.

이 책에서는 집짓기 과정에서의 역할을 중심으로 건축가를 소개하려 한다. 건축사 자격증을 소지한 건축가는 집짓기의 전 과정에 관여할 수 있다. 다만 건축가마다 역량은 다를 수 있고, 다양할 수 있다.

상가주택 잘 짓는 비법은
따로 있다

건축주가 건축가라는 직업과 해당 업무, 설계과정을 이해하는 것은 중요하다. 그래야 건축주가 원하는 만큼의 충분한 용역을 실시할 수 있고, 결과적으로 집짓기 과정이 즐거울 수 있다.

이에 대한 이해도가 낮으면 고스란히 건축주가 손해를 본다. 업무를 잘 이해하지 못한 건축주일수록 용역비를 낮게 책정하거나 평당 개념으로 단순하게만 접근하는 경우가 많다. 집짓기의 첫 단추를 끼우는 작업이나 마찬가지인 설계단계에서 턱없이 낮은 용역비를 책정하면 집짓기 과정에 틈이 생기기 마련이다. 결국 시공단계에서 추가 비용이 불어나고 건축물의 품질도 만족스럽지 못한 결과를 얻는 현장을 흔히 목격하게 된다.

파트너로서의 건축가를 선정하라

건축가는 건축주의 파트너가 되어야 한다. 그런 자세로 일해 줄 수 있는 건축가를 만나는 건축주는 건축 결과에 대한 만족도도 높다.

건축가가 할 수 있는 일은 5~6가지에 이른다. 상가주택 설계를 의뢰받은 건축가는 제일 먼저 기획업무를 시작한다. 건축물이 들어설 위치와 주변 환경 등을 조사해 건축물의 성격과 방향성을 정하는 작업이다.

어느 정도 기획의 윤곽이 잡히면 계획설계로 접어든다. 계획설계는 일종의 디자인 작업으로, 이 과정을 거치면 인허가를 받을 수 있는 수준의 중간설계를 할 수 있다. 그러나 이 중간설계만으로는 시공에 대비할 수 없다. 공사용 도면을 만드는 실시설계까지 마쳐야 비로소 시공에 들어갈 수 있다. 여기까지는 건축설계를 위한 용역이라고 보면 된다.

그밖에도 건축가는 공사과정을 관리 감독하는 감리역할도 할 수 있다. 국내의 경우 소형 건축물은 감리를 강제하지 않고 있다. 그러나 공사가 도면대로 잘 되었는지 확인하는 감리는 좋은 집을 완성하는 필수 요건임이 분명하다. 최근에는 작은 규모의 단독주택들도 건축가에게 설계를 의뢰하고 감리까지 맡기는 추세다.

건물이 다 지어진 후에도 건축가의 역할은 남아 있다. 바로 건물등기와 사용승인을 받는 일이다.

이 모든 과정은 어느 것 하나 소홀히 할 수 없이 다 중요하다. 따라서 건축가는 건축주와 함께 이 과정을 함께할 사람이어야 한다. 건축가 선정이 중요한 이유다.

건축가를 선정할 때는 다양한 기준을 갖고 판단할 수 있다. 역량을 기준으로 판단한다면, 크게 디자인 영역과 실무설계 영역으로 구분할 수 있다. 특히 디자인 영역은 건축가의 정체성이나 개성을 드러내는 중요한 부분이다. 다른 용역들은 실행의 정도에서 조금씩 차이가 있을 수 있지만 건축사 자격을 지닌 건축가라면 모든 용역을 다 수행할 수 있다.

특히 디자인 용역은 실제 건축가에게 있어 가장 많은 노력과 시간을 투자해야 하는 부분이다. 또 디자인 용역은 건축가의 경험과 감각이 고스란히 반영되는 부분이기도 하다. 따라서 건축가의 창의적인 디자인에 돈을 지불해야 한다.

건축주는 건축가에게 주는 비용을 무턱대고 아까워하지 않는 게 좋다. 건축주는 집짓기를 하면서 건축가가 어디까지의 용역을 충실히 실행해 주는가를 따져가며 용역비의 지불 범위를 정하면 된다. 그 건축가가 요구하는 비용을 볼 때 어디까지 역할을 충실히 해주는가를 기준으로 판단하는 게 바람직하다.

상가주택 잘 짓는 비법은
따로 있다

3단계 건축설계를 꼼꼼히 거쳐라

설계과정은 의외로 복잡하다. 빈 종이에 손으로 그린 평면도 하나를 들고 집 짓던 시대는 이미 끝났다. 집 한 채를 짓기 위해서는 배치도와 층별 평면도, 동서남북 방향의 입면도 등 다양한 도면들이 필요하다. 여기에, 공사에 필요한 실시설계 도면까지 확보해야 한다.

앞에서 언급한 기획과 건축설계(계획설계, 중간설계, 실시설계)의 3단계를 좀 더 자세히 들여다보자면, 다음과 같다.

1. 건축단계별 설계도면 작성 절차

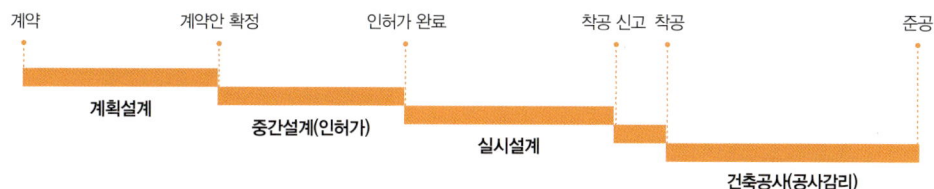

2. 설계 종류 및 구분

계획설계	중간설계(인허가)	실시설계
건축주의 요구사항을 바탕으로 건축물의 규모, 예산, 기능, 미관적 측면에서 설계를 제안	기획설계 내용을 구체화하여 다각적인 검토(법규, 시스템, 자재 등)와 함께 발전시키는 단계	중간설계를 바탕으로 입찰계약·공사에 필요한 설계도서를 작성하는 단계
• 건축주의 요구사항 정리 • 기초조사, 시설물 조사 등의 설계자료 조사 • 디자인 개념 수립 • 스케치, 투시도, 모형 작업 • 건축계획(평·입·단면도)	• 건축도면(평·입·단면도), 구조도면, 설비도면 작성 • 내·외부 마감재료 결정 • 창호도 작성	• 건축도면, 구조도면, 설비도면 추가 작성 • 공사 상세도 작성 • 설비(전기·통신·소방) 검토 및 조정 • 내부 가구 배치 및 사양 결정 • 시방서 작성

기획

건축물의 규모검토, 현장조사, 설계지침 등 건축설계 발주에 필요하며 발주자(건축주)가 사전에 요구하는 설계업무이다.

> **위치조사**
> 대중교통(지하철, 버스)과의 거리 및 연계성, 공공편의시설 (학교, 주민센터, 보건소, 구청등)의 위치 파악

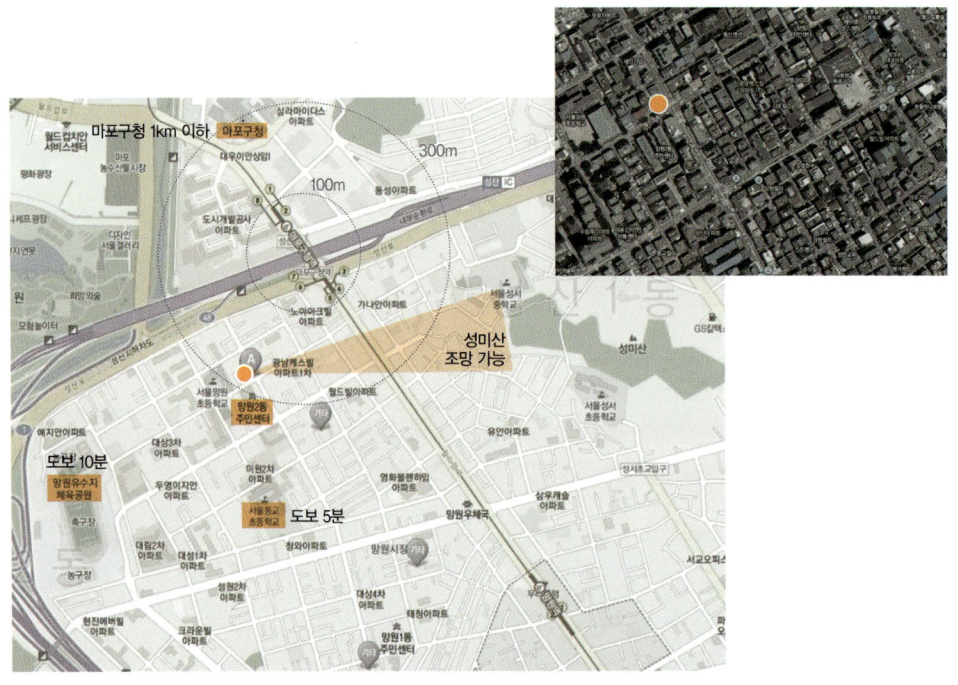

기획설계 단계 (마포구 망원동 상가주택)_위치조사

남측면

모퉁이면 인지성

접근성1

접근성2

기획설계 단계 (마포구 망원동 상가주택)_현장조사

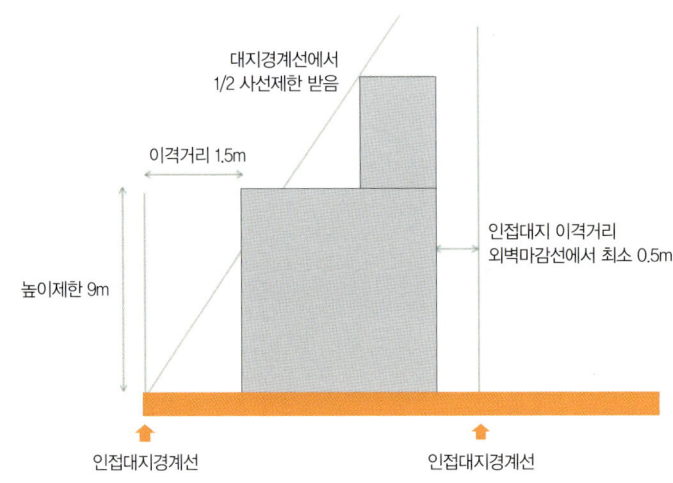

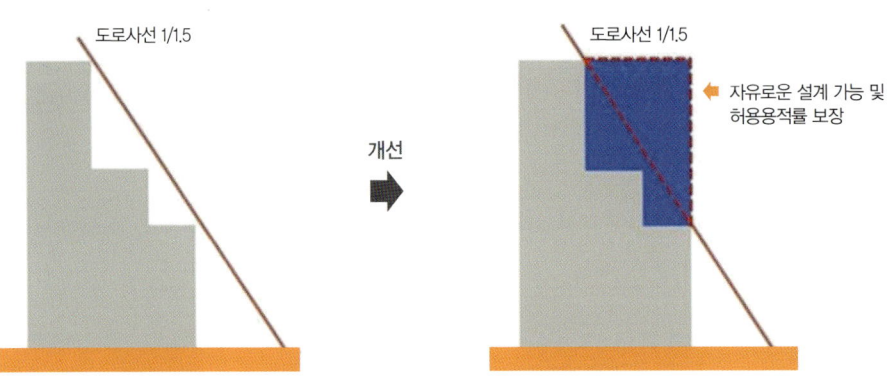

기획설계 단계 (마포구 망원동 상가주택)_법규검토

상가주택 잘 짓는 비법은
따로 있다

계획설계

건축사가 발주자로부터 제공된 자료와 기획업무 내용을 참작해 건축물의 규모, 예산, 기능, 질, 미관적 측면에서 설계목표를 정하고 가능한 해법을 제시하는 첫 단계. 디자인 개념의 설정 및 연관분야(구조, 기계, 전기, 토목, 조경 등)의 기본시스템이 검토된 계획안을 발주자에게 제안하여 승인을 받는 단계를 말한다.

계획설계에서는 건축주로부터 요구사항을 받아 디자인을 제안하고 수정하는 과정을 거친다. 최종 형태도 같이 결정한다.

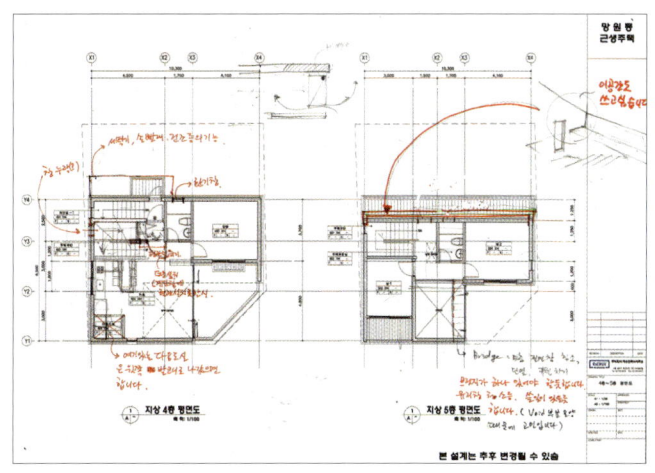

요구사항들에 맞게 도면들을 수정한다.

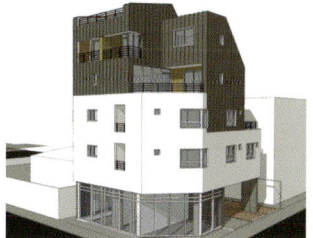

디자인 개념에 맞게 건물 형태를 조정하여 최종 형태를 결정한다.

중간설계

계획설계 내용을 구체화하여 발전된 안을 정하는 단계다. 결정된 계획설계를 바탕으로 가구, 설비, 구조, 재료 등을 적용하면서 다각적으로 검토하면서 설계를 구체화한다. 각종 자재, 장비의 규모, 용량이 구체화된 설계도서를 작성하여 발주자로부터 승인을 받는다. 이 단계의 설계도서를 갖고 해당관청에 들어가 인허가를 진행하게 된다.

여러 분야의 설계를 구체화한다.

실시설계

중간설계를 바탕으로 입찰, 계약 및 공사에 필요한 설계도서를 작성하는 단계다. 공사의 범위, 양, 질, 치수, 위치, 재질, 질감, 색상 등을 결정하여 설계도서를 작성한다. 시공 중 조정에 대해서는 책의 뒤쪽에 소개된 사후설계 관리업무 단계에서 수행방법을 다루기로 한다.

상가주택 잘 짓는 비법은
따로 있다

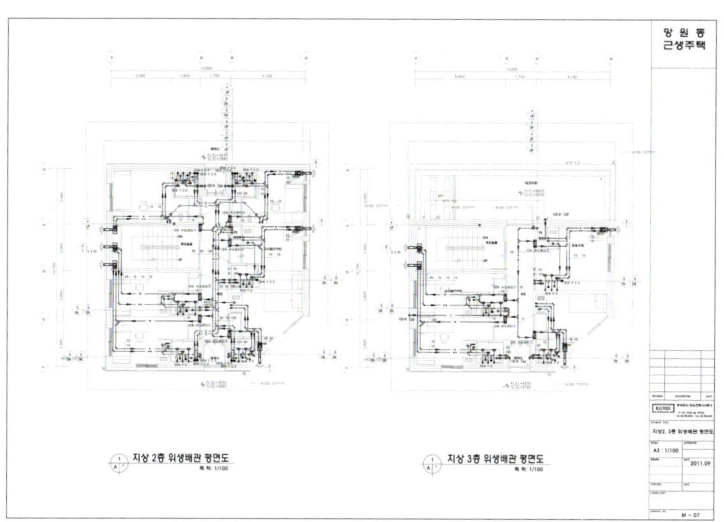

실시설계도서 중 일부인 설비도면

 Tip : **실시설계도서 내용**

건축

건축개요, 토지구적도, 면적산출표, 배치도, 대지종횡단면도, 주차계획도, 실내재료마감 표 및 상세도, 평면도, 입면도, 단면도, 코어 및 계단 상세도, 외벽입단면상세도, 부분상세 도(파라펫, 캐노피, 출입구 등), 창호도, 천정도, 내부상세도(화장실, 로비, 엘리베이트홀, 전개상세도), 정화조도면

구조

구조평면도, 구조단면도, 구조일람표(기초, 기둥, 슬래브, 보, 옹벽, 계단 등), 주심도, 접 합상세도

설비 (기계, 전기, 통신)

장비일람표, 설비계통도, 설비평면도(공조, 환기, 위생, 소화설비, 전기, 통신, 소방, 방송 등), 상세도

건축 설계비에는 변수가 있다

건축설계는 서비스 산업이다. 따라서 설계비를 모두에게 똑같이 적용되는 방식으로 책정하기는 사실상 불가능하다. 건축가의 디자인 역량, 건물의 규모, 건축가의 용역 범위, 설계사무소의 업무수행상황 등에 따라 설계비는 너무나 많은 차이를 보인다.

'국토해양부고시 제2012-553호에 따른 시행령 2012.8.22자 공공발주사업에 대한 건축사의 업무범위와 대가기준'에 따르면 복잡하고 많은 경우의 수를 언급하고 있다.

시행령에 따르면 건축설계 및 건축공사감리 대가요율을 산정하는 데는 건물의 난이도에 따라 건축물을 3가지 종별로 구분하고 있다. 이 구분된 등급에 따라 건축설계 대가요율과 공사감리 대가요율도 달라진다.

하지만 건물 난이도에 따라 설계비를 구분하는 방식은 제대로 지켜지지 않고 있다. 현실이 이렇다 보니 품질을 위한 설계가 아니라 용역비에 맞는 설계를 하는 풍토가 만연해졌다. 물론 모든 건물이 다 작품이 될 수는 없다. 하지만 지어진 건물이 주변과의 관계에서 긍정적인 역할로 작용해야 하는 것이 바람직하다고 생각한다면, 적절한 설계비 책정은 매우 중요하다.

보통의 건축주들이 설계비에 접근하는 방식은 크게 3가지다.

첫 번째는, 작품성을 보고 접근하는 설계비 책정이다. 지을 건물이 다른 건물과는 다르게 개성이 있고 차별화된 건축이 되기를 원하는 경우에 바람직한 방법이다.

작품성을 바탕으로 책정하는 설계비는 건축가의 디자인 역량에 따라 크게 차이가 난다. 건축가의 작품이 마음에 들어 접근하는 방식이라고 볼 수 있다. 그렇기에 건축주는 건축가가 작품의 품질을 내는 데 드는 시간과 노력을 존중해야 한다.

두 번째는 충실한 용역범위로 접근하는 설계비 책정이다. 지을 건물이 개성 있는 작품까지는 아니더라도 합리적으로 충실히 지어지기를 바라는 목적 달성에 좋은 방식이다. 이때는 기획업무, 계획설계, 중간설계, 실시설계, 건축감리 등 건축가가 실질적으로 실행하는 용역범위를 따져가면서 건물이 충실히 지어질수 있는 상황을 만드는 것이 중요하다.

마지막으로, 저렴한 설계비로 접근하는 방식을 선택하는 건축주도 있다. 지을 건물이 단순히 기능적으로만 완성되기를 원하는 목적일 때는 유효하다. 흔히 행정적인 허가를 목적으로 선택하는 경우가 많다. 그러나 허가방식 접근에는 큰 맹점이 도사리고 있다. 지나치게 싼 설계비만큼 용역의 내용도 부실해진다. 계획설계는 충실히 하기 힘든 경우가 많으며, 실시설계도 따로 그리지 않고 허가도면으로 공사하기도 한다.

건축가의 다양한 역할을 활용하라

건축주는 건축과정에서 일어나는 많은 일들에 대해 상의나 하소연을 할 대상이 없는 것이 사실이다. 그러기에 건축 전반을 관여하는 건축가의 다양한 역할이 최근 들어 더욱 요구되고 있는 것이 현실이다. 요즘 시대에 건축가는 만물박사가 되어야 먹고 사는가 싶을 정도다. 프로젝트 기획은 물론이고, 사업수지 분석, 시공사 선택, 견적서를 보는 방법, 세무 상식까지도 갖추어 건축주를 응대해야 한다.

하지만 건축가의 새로운 유형이 생긴 것으로 볼 수도 있을 것이다. 예전과 다른 좀 더 다양한 분야(심리학, 마케팅, 패션, 색채, 부동산 등)와 소통하면서 건축을 해야만 하는 요즘 시대의 복합적 상황을 보여주는 것인지도 모르겠다. 이름 하여 건축가가 건축 코디네이터, 건축기획가, 건축 프로듀서, 공간 마케터, 도시 마케터 등으로 불리는 시대가 온 것이다. 건축주는 이런 시대적 요구에 부응하는 건축가를 만나, 그 다양한 역할들을 잘 활용하면 좋다.

3

건축주 · 건축가 · 시공자,
삼자 소통을 하라

상가주택을 짓는 건 결국 사람이다. 그러기에 사람들과의 관계가 삐걱거려서는 즐거운 집짓기를 할 수 없다.

건축주는 집 짓는 내내 다채로운 전문 분야의 사람들을 만나게 된다. 건축가와 시공사, 현장소장과는 장시간 접해야 한다. 임대를 놓으려면 부동산중개업자와 세무사도 접촉해야 한다. 공사 중 민원이 발생해 민원인을 만나는 일도 흔하게 일어난다. 주택 인허가나 준공시 문제가 발생하면 담당 공무원도 접촉해야 하는 복잡한 프로젝트임에 틀림없다.

프로젝트와 관련된 사람들 간의 소통이 중요하다는 것은 아무리 강조해도 지나치지 않는다. 그중 가장 직접적으로 관련된 건축주, 건축가, 시공자의 소통은 가장 중요하다. 이들 삼자의 원활한 소통은 좋은 건축물을 만드는 지름길이라 단언한다.

소통은 구체적이고 명확한 도구로 해야 한다

1차적으로 건축주와 건축가가 잘 소통해야 좋은 건축설계가 나온다. 2차로, 건축가와 시공자가 잘 소통해야 현장에서 좋은 품질의 건축이 완성된다. 동시에, 건축주와 시공자가 잘 소통해야 현장에서의 공사 진행이 원활하고 현장에 활력이 넘치게 된다.

그렇다면 건축주, 건축가, 시공사의 소통은 어떻게 해야 이상적인 것일까?

막연히 말로 하거나 추상적으로 접근해서는 안 된다. 소통은 구체적이고 명확한 근거나 자료를 통해서 이뤄져야만 서로 오해가 없다.

명확한 소통의 도구로 계약서가 기본이다. 하지만 계약서라는 소통 도구만 가지고는 집 짓는 과정에서 일어나는 모든 일을 해결하기란 역부족이다.

또한 건축주와 건축가, 건축주와 시공사, 건축가와 시공사 간의 소통 자료나 근거가 다르고 소통의 목표가 다르기 때문에 각 관계에 맞는 소통의 방법과 도구를 찾아야 한다. 그리고 서로 자신의 뜻을 명확히 전달해야 한다.

소통은 몇 단계로 구분되며 각 단계에 따라 목적과 도구가 달라진다.

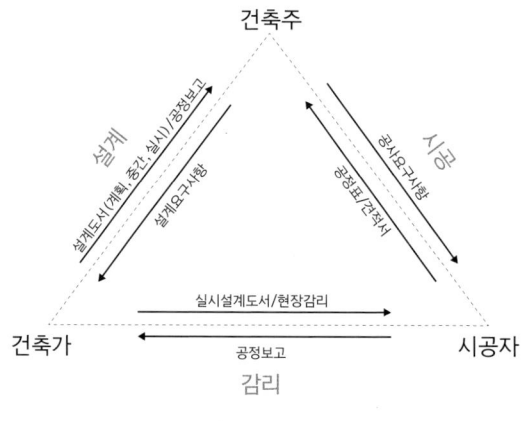

삼자적 관계 다이어그램

상가주택 잘 짓는 비법은
따로 있다

초기계획 단계에서는 건축주의 요구에 맞는 좋은 건축안을 만들어 내는 것이 목적이다. 초기안을 만든 다음 행정적인 단계에서는 인허가나 착공, 준공과 관련된 행정적인 절차를 계획된 기간 내에 잘 진행하는 것이 목적이 된다. 마지막 시공단계에서는 시공사가 도면대로 잘 시공하는지를 잘 감리하는 것이 목적이다.

설계 단계별 소통 도구는?

초기 계획설계의 소통 도구 – 위시리스트와 모형

초기 계획설계 단계에서 가장 중요한 소통의 도구는 '위시리스트(wish list)'다. 건축

건축물을 실제 비례로 축소한 모형

가상으로 건물을 시뮬레이션해 보여주는 투시도

브리핑 책자

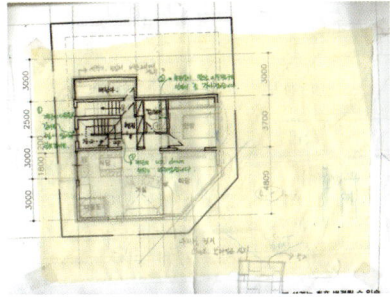

건축주가 수정해온 스케치

주가 건축가에게 요구사항을 잘 전달해야 한다. 대화를 통해서만 요구를 전달해서는 안 되며 중요한 부분은 문서로 정리해 전달하는 게 좋다.

건축가 역시 건축주가 전달한 요구사항을 잘 반영했다는 증표로 내놓을 수 있는 게 있어야 한다. 바로 계획도면, 모형, 투시도나 조감도가 그런 것이다. 다양한 모형과 도면을 토대로 건축주에게 설계안을 설명해 나가야 이해가 쉽다.

이왕이면 건축주는 자신이 이해하기 편한 방법을 요구하면서 계약서에 명기하는 게 좋다. 그리고 자신이 전달한 요구사항이 잘 반영되어 설계되었는지를 확인한다.

중간설계에서의 소통 도구 – 계획설계도서

중간설계 단계는 확정된 계획설계도서를 기준으로 구조, 설비, 재료 등을 구체적으로 적용하면서 행정적인 인허가를 진행하는 단계이다.

이 단계에서는 여러 분야를 적용하면서 계획설계에서 변형되는 부분이 발생하는

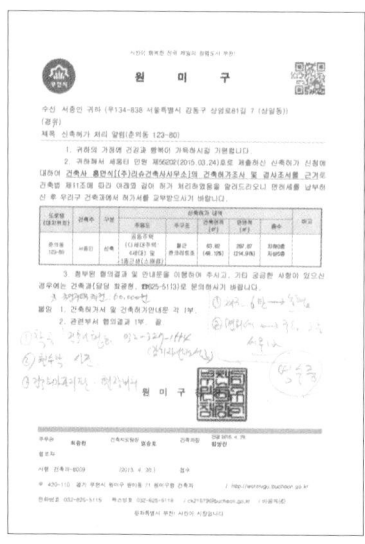
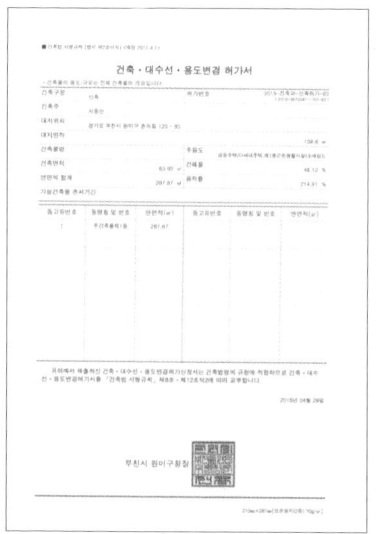

건축허가서 예시

상가주택 잘 짓는 비법은
따로 있다

지를 서로 소통할 필요가 있다. 인허가를 진행하게 되면 필요한 서류나 문서를 요청하게 된다. 따라서 건축주는 인허가가 난 후 허가도서를 받아 요구사항이 계획설계에서 변경된 부분을 꼼꼼히 살펴볼 필요가 있다.

실시설계에서의 소통 도구 - 실시설계도서

실시설계 단계에서 건축가와 건축주가 소통하는 도구는 실시설계도서가 되어야 한다. 실시설계도서는 시공사가 시공을 하기 위한 도면을 말한다.

건축허가가 나면 공사용 도면을 더 그려야 한다. 실시설계 도면은 공사 견적을 뽑아내는 기준이면서 공사를 실행하는 기준이 되는 세부 도면들이어서, 두툼한 책 한권 분량 정도는 된다. 이렇게 분량이 많아지는 이유는 건축뿐만 아니라, 구조, 설비, 인테리어 도면까지 공사에 필요한 전체 도면이 다 들어가기 때문이다.

실시설계 도면을 건축주와 건축가, 시공자가 한 부씩 소유하면서 소통해 나가면 된다. 도면을 기준으로 시공사는 시공을 하고, 건축가는 감리를 하고, 건축주는 수정하고 싶은 부분을 서로 오해 없이 명확히 얘기해 나갈 수 있다.

실시설계 단계는 건축주가 반영하고 싶은 건축 재료나 인테리어 부분을 꼼꼼히 챙겨야 하는 단계이기도 하다.

시공단계에서의 소통 도구 3가지

시공단계에서 필요한 소통 도구는 3가지다. 완성된 실시설계도서, 세부견적서, 공정표가 그것이다. 실시설계도서는 시공사를 선정하기에 앞서 세부견적서와 공정표를 작성하는 데 필요한 근거 자료다. 또한 감리자가 시공을 제대로 하는지를 파악하는 기본 자료가 된다.

건축주 입장에서 간혹 시공 중 수정하고 싶은 내용이 발생하면 이때 실시도면을 기준으로 수정 부분을 협의하고 세부견적서를 기준으로 추가되는 금액을 산정하면서, 이로 인해 발생되는 공사기간의 변화는 공정표를 통해 서로 소통해 나가면 되는 것이다.

소통에는 적절한 시기가 있다

건축주가 자신의 요구사항이나 수정사항을 반영하기 위해서는 적절한 소통 시기를 잘 찾아야 한다.

계획단계에서의 적절한 소통 시기는 1차 계획안을 받아든 다음이다. 이때 방법은 건축주가 일정한 시간을 갖고 1차 계획안을 꼼꼼히 살핀 다음 수정 사항을 문서로 정리한다. 이 문서를 기준으로 2~3차례 정도의 정식 미팅을 하는 것이 좋다.

인허가 단계에서는 좀 더 빠르게 대처해야 한다. 수정 사항이 생기면 곧바로 건축사와 소통하여 법적으로 허가변경 사항이 아닌지를 체크해야 한다. 법적인 허가변경 사항이 아닌 경우라면 건축 허가가 난 도면을 기준으로 소통하는 것이 좋다. 이러한 수정사항은 다음 단계인 실시설계 단계에서 반영되면 되는 것이다.

실시설계 단계에서의 소통은 완성된 공사용 도면이 시공사에 전달되기 전에 충분히 이뤄져야 한다. 건축가는 시공견적을 작성하면서 변경되는 부분을 건축주와 상의해가며 세부사항을 함께 정리할 필요가 있다.

시공단계에서는 수정하고 싶은 부분이 있을 경우 시공이 되기 전에 미리 소통하는 것이 중요하다. 한 층 한 층의 공사가 시작되기 전에 미리 정기적으로 소통의 시간을 만들어 수정할 사항이 있는지 체크하는 것이 현명하다. 공사가 진행된 후에 수정은 추가 비용이 들기 때문이다. 따라서 현장에서 정기적으로 소통의 시간을 마련하면서 체크하는 것이 중요하다.

상가주택 잘 짓는 비법은
따로 있다

| 건축단계별 적절한 소통시기와 방법 |

	소통시기	소통방법	소통도구
계획 단계	1차 계획안을 받은 다음	1차 계획안을 검토하여 수정사항을 문서로 정리해서 건축가와 2~3차례 미팅	살고 싶은 집에 대한 위시리스트와 계획안 자료들
인허가 단계	건축허가를 득한 후 실시설계 전	수정사항이 발생할 경우 건축가에 빨리 알려 인허가 변경사항 여부부터 체크	계획설계도서
실시설계 단계	공사용 도면이 시공사에 전달되기 전	건축가가 시공견적을 작성하며 논의가 필요한 세부사항을 건축주와 협의	실시설계도서
시공 단계	시공 들어가기 전 및 시공 중간중간	시공 시작 전 정기적 미팅으로 수정사항 미리 체크	최종 실시설계도서 세부견적서 공정표

4

시공사 선정을 잘해
리스크를 줄여야 한다

상가주택을 지을 때 가장 큰 리스크는 시공단계에서 발생한다. 건축개발비용의 80~90% 가량이 공사비로 지출되는 만큼 가장 큰 수고와 노력을 기울이는 단계이기도 하다.

그래서 시공사를 잘 선정하는 게 중요하다. 시공사를 잘못 선택해서 부실시공으로 재산상 손실을 입는 일이 발생할 수 있기 때문이다. 이런 경우도 있다. 처음에는 싼 가격으로 계약했다가 공사가 진행되면서 추가비용을 요구하는 경우다. 또는, 도면과 다르게 시공해놓고 나몰라라 하는 시공사도 있고, 최악의 경우 공사가 멈추는 경우도 간혹 발생한다.

이처럼 가장 리스크가 큰 건축공사를 맡길 시공사를 어떻게 하면 잘 선택할 수 있을까? 건축주들의 최고 숙제가 아닐 수 없다.

일반적으로는 몇 군데 시공사로부터 예상견적서를 받아서 가격비교를 통해 싼 시공사를 선정하는 방법이 통용되고 있다. 하지만 견적가격이 곧 시공사의 실력을 판가름할 수 있는 자료는 아니다. 오히려 지나치게 싸게 견적서를 내미는 시공사는 의심해봐야 한다.

시공사를 잘 선택하기 위해 꼭 체크해야 할 몇 가지를 알아보자.

일반적인 비교견적의 함정을 조심하라

견적서를 받을 때 어떤 업체를 기준으로 견적을 내느냐가 중요하다. 시공사의 규모나 관리 시스템에 따라 직접공사비나 관리비, 이윤산정 방식이 다르기 때문에 아무 업체를 기준으로 비교견적을 받는다는 것은 위험하다.

극단적으로 설명하면 이런 거다. 똑같은 도면으로 우리가 잘 아는 현대건설이나 삼성건설에서 견적을 받은 결과와 동네 시공업체에서 견적을 받은 결과를 비교하는 것은 누가 보아도 합리적이지 못하다.

당연히 조직이 크고 이윤을 크게 취하는 대기업의 견적이 비쌀 것이다. 그럼 좀 더 싼 동네 시공업체와 계약하면 될까? 그것도 찜찜하다.

결국 내가 어떤 기준을 갖고 시공사를 선택하는가가 중요하다. 견적서를 받기 전에 시공사의 선택 기준부터 정해야 하는 것이다. 그리고 그 기준에 들어온 비슷한 수준의 시공사들을 대상으로 비교견적을 하는 것이 바람직하다.

상가주택 잘 짓는 비법은
따로 있다

'평당 단가' 공사비 계산법을 경계하라

"평당 얼마예요?"

여전히 많은 사람들이 평당 얼마짜리 건물을 지을 수 있느냐고 묻는다. 최종 건축비용을 뽑고 난 후 평당 견적으로 나눌 수는 있지만, 처음부터 평당 단가로 건물을 지어주겠다고 덤비는 시공사가 있다면 색안경부터 끼고 봐야 한다.

견적서는 실시설계도서가 나오면 그 설계안을 바탕으로 어느 공정에 얼마, 어느 공정에 얼마인지를 따져서 만드는 세부내용 견적서다.

평당 단가로 계산해서 내미는 견적서에는 세부내용이 없다. 시공사는 공사금액에 건물을 맞추기 위해 품질은 뒷전이 되어 마음대로 시공하거나 재료를 바꾸기도 한다. 남의 일 같기만 했던 일이 벌어지면 건축주들은 시공사를 탓하면서 한숨만 쉬게 되고 울며 겨자 먹기 식으로 시공사의 요구대로 끌려가는 경우가 많다.

세부견적서가 필요한 이유는 하나다. 같은 면적의 건물이라도 형태나 각층의 높이, 디자인 난이도에 따라 공사비에서 차이가 나기 때문이다. 평당 단가식의 접근은 품질이 낮은 부실시공으로 가는 지름길이다.

건축설계를 공짜로 해주는 시공계약은 피하라

시공계약을 하면 설계는 '덤'이라며 호객행위를 하는 시공사들이 종종 있다. 건축주가 건축과정을 잘 모르는 것을 악용해서 설계비를 받지 않고 시공해 주겠다는 달콤한 제안을 하는 것이다. 이런 시공사를 선택한다면 최악의 건물로 가는 지름길을 선택하는 셈이 된다.

앞에서도 시공사와 설계자는 분리되는 게 가장 좋다고 말했다. 건축가가 공사 진행이 제대로 되는지 감리의 역할을 하는데 시공사로부터 일거리를 발주 받은 설계자라면 올바른 감리가 가능할까. 불가능하다고 보아야 한다.

한 가지 더, 공짜 설계는 없다. 시공비 안에 당연히 설계비가 포함되는데, 건축주만 모를 뿐이다. 결국 덤으로 하는 줄 알았던 설계인데 비용은 비용대로 지불하고, 효과는 제대로 얻지 못하는 결과를 얻는다.

시공과 설계는 독립적으로 추진해야 한다. 건축가를 중심으로 시공사 견적을 검토하고 시공감리를 추진하는 것이 건물의 품질이나 비용 면에서 투명성을 확보할 수 있는 길이다.

1. 시공사의 품질 기준을 먼저 정한다.
여기서 품질이라 함은 쉽게 평당 단가를 기준으로 마감에 사용된 자재의 품질이나 공사된 건물의 품질을 말한다. 품질 기준을 높게 잡아 놓고 낮은 단가로 시공하는 시공사를 찾아가면 낭패를 본다.

2. 시공사가 지은 건물들을 직접 방문한다.
견적을 받고 싶은 시공사들이 여럿일 것이다. 시공사마다 직접 지은 건물들이 있다. 이곳에 방문해서 건축주와 면담하고, 품질과 건축비용을 알아본다. 지은 지 여러 해가 지난 건물들을 떳떳하게 공개할 수 있는 시공사라면 건축주와의 신뢰관계가 잘 형성되어 있다고 보면 된다.
방문한 건물의 건축주에게 시공사와 소통이 원활했는지, 품질은 마음에 들었는지, 사후관리를 잘 해주고 있는지, 추가비용이 별도로 있었는지를 꼼꼼히 알아본다.

3. 우선 협상 시공사를 선정한다.
여러 시공사 중 마음에 드는 시공사를 우선 협상 시공사로 선정해서 세부견적을 의뢰한다. 이때 세부견적서는 건축 실시도면을 기준으로 공사비를 뽑는 것을 말한다. 실시도면을 기준으로 해야 근사치가 나온다.

상가주택 잘 짓는 비법은
따로 있다

4. 세부견적을 받아보고 견적 조정 미팅을 진행한다.

세부견적서를 토대로 처음 계획한 건축예산 안에 들어오는지를 검토하고, 차이가 있을 경우에는 건축가, 시공사와 함께 품질을 상의하면서 건축예산 안에 들어오게끔 조정해 나간다. 세부견적서를 조정해 가면서 건축주는 도면을 파악하고 내 건물에 사용되는 여러 세부 재료들을 파악할 수 있는 시간을 얻게 된다.

5. 조정된 실시도면과, 세부견적을 기준으로 시공계약을 진행한다.

예비 시공사들 선정	우선 협상 시공사 선정		최종 시공사 선정(착공 신고)
공사비 기준으로 품질 기준 정하기	**시공사가 시공한 건물 답사**	**견적의뢰**	**세부견적 내용 조정**
평당가 기준 자재 품질, 공사 품질 등	시공사와의 소통, 품질, 사후관리 체크	실시도면 기준으로 세부견적 의뢰	초기 예산안과 비교하며 조정 조정된 견적에 맞춰 도면 수정

[흐름도]

5

견적을 잘 내야
수익성을 지킨다

계획한 대로 상가주택의 수익성을 얻으려면 견적이 잘 맞아야 한다. 전체 개발비용 중에 건축비용이 차지하는 범위가 크기 때문에 엉성한 견적으로 공사를 진행하다가 추가비용이 커지면 수익성에도 영향을 주게 된다.

그렇기에 건축주들이 가장 두려워하는 게 바로 견적서다. 과연 내가 내용을 잘 보고 있는 걸까, 속지는 않는 걸까, 별의별 마음이 다 든다. 특히 같은 설계도면을 놓고 건설사마다 다른 견적이 나오면 더욱 마음이 불안해진다.

이런 불안한 마음을 해소하기 위해서는 제대로 만든 세부견적서를 제출하는 시공사를 만나야 한다. 설계가 완료되고 공사에 필요한 실시도면이 만들어지면 시공사는 실시도면을 토대로 구체적인 세부견적서를 작성할 수 있다. 만약 '평당 얼마'에 지어주겠다며 엉성한 견적서를 내미는 시공사가 있다면 배제해야 한다.

건축주가 견적서를 보고 챙겨야 할 부분이 있다. 우선 시공사가 제출한 견적서의 물량이 맞는지를 알아야 한다. 또, 시공과정에서 변경하고 싶은 공사가 있다면 추가 비용을 어떤 기준으로 산정하는지, 그 기준도 명확히 들어야 한다.

건축전문가가 아닌 이상 견적서의 진위를 파악하는 것이 쉬운 일은 아니다. 그래도 차근차근 꼼꼼히 체크해 간다면 견적에 대한 걱정을 많은 부분 해소할 수 있다.

공사 내역서, 건축주도 알아야 한다

실시도면을 토대로 견적서를 뽑게 되면 세부내역서가 뒤따라온다. 시공사마다 견적서의 형식은 조금씩 다르지만 대부분 견적조건, 공사원가계산서, 총괄집계표(건축, 기계설비, 전기설비, 토목, 조경, 특화설계부분 등), 각 분야별 공사의 공정별집계표, 각 분야별 공사의 공사 세부내역서 등으로 구성되어 있다.

이때 건축주는 세부견적서를 보는 방법을 알고 있으면 좋다.

견적조건

시공사가 공사의 기준을 정해 놓는 내용이다. 일반 건축주들은 건축공사를 이해할 때 어디까지 공사가 되는지, 별도로 돈이 추가되는 부분은 무엇인지, 내 건물에 사용되는 자재들의 품질수준이 어느 정도인지, 공사 후 본인이 공사할 사항을 미리 반영할 수 없는지 궁금해한다. 이런 궁금증을 해소해주는 것이 바로 견적조건이다.

견적조건표에서는 철거공사, 창호공사, 방수, 에어컨 공사, 위생기구, 경계담장, 가구공사 등의 기준을 언급하고 있다.

또한, 여러 자재들의 품질기준과 실시도면에 나타나지 않는 추가 공사 부분, 공사비 외에 건축주가 분담해야 할 별도비용, 공사 준공 후 들어갈 수 있는 여러 공사(에어컨, 가구) 등을 언급한다. 이처럼 공사기준을 정해 놓으면 추가 비용이나 품질에 대한 서로의 기준이 같아져 원활하게 공사가 진행된다.

견 적 조 건	
구 분	견 적 내 용
일 반 사 항	
철거공사	철거공사는 견적에서 제외합니다.(약1500만원 예상)
토목공사	건축도면 기준으로 면적을 확보하며 CIP 또는 토류판 설치 흙막이 공사를 하는것으로 기준하여 견적합니다/현장 상황에 따라 협의변경 될수있습니다
창호공사	PVC창호 와 알루미늄 창호를 기준으로 견적합니다.
방수공사	지하층 벽,바닥은 침투성 방수로 견적합니다.
지하1층 바닥	지하층 바닥은 결로발생 방지작업으로 방수후 배수판 설치 및 무근콘크리트 타설마감으로 기준합니다.
수장공사	주택 바닥재 마감은 우드데코타일 기준으로 견적합니다.
	근린생활 바닥마감은 몰탕위 에폭시 코팅마감을 기준합니다.
	주택마감은 벽,천정 도배지 마감으로 견적합니다.
설비공사	에어컨 공사는 견적에서 제외합니다.
	설비공사의 위생기구는 기본설정 금액에서 정산처리 하는것으로 하였습니다./계림,대림 보급형 동등이상
전기공사	전기공사의 등기구는 기본설정 금액에서 정산처리 하는것으로 하였습니다./일반 보급형 동등이상
조경공사	조경공사는 법적 조경기준으로 견적합니다.(준공기준)
부대공사	경계담장 공사는 견적에서 제외합니다.
가구공사	실내 각종 가구공사는 견적에서 제외 합니다.
별 도 공 사	
	전기/수도/가스등의 인입비는 견적에서 제외되었습니다.
	건축주명의로 부과되는 각종 분담금 및 제세공과금은 견적에서 제외하였습니다.
	견적 도면외의 공사는 견적에서 제외되었습니다.

견적조건 예시

공사원가계산서

시공에 필요한 여러 경비 및 이윤을 정해 언급해 놓은 페이지다. 여기서 합산된 금액이 시공사와 계약되는 최종 금액이 된다. 공사원가에 포함되는 직접재료비, 노무비, 각종 경비(산재보험료, 고용보험료, 안전관리비, 기타)를 비롯해 공사를 통해 얻고자하는 이윤도 몇 %인지 적는다.

총괄집계표

각 공사별 총액을 집계한 표이다. 건축, 기계설비, 전기설비, 토목, 인테리어, 조경 등 다양한 공사가 포함될 수 있다. 각 공사별 금액은 재료비, 노무비, 경비로 나뉘어

공사 원가 계산서

공사명 : 동교동 179-19 상가주택(주거복합) 신축공사

구 분		품 명	금 액	구 성 비	비 고
공 사 원 가	재 료 비	직 접 재 료 비	612,697,132		
		간 접 재 료 비			
		작업설, 부산물(-)			
		소 계	612,697,132		
	노 무 비	직 접 노 무 비	210,982,190		
		간 접 노 무 비	6,329,466	직접 노무비의 3%	
		소 계	217,311,656		
	경 비	운 반 비			
		기 계 경 비	16,781,000		
		산 재 보 험 료	7,888,413	노무비의 3.63%	
		고 용 보 험 료	2,499,084	노무비의 1.15%	
		안 전 관 리 비	5,000,000	일괄	
		퇴 직 공 제 부 금 비			
		기 타 경 비	16,600,176	(재료비+노무비)*2%	
		소 계	48,768,673		
계			878,777,461		
일 반 관 리 비			38,105,540	(재료비 + 노무비 + 기계경비)*4%	
이 윤			26,116,999	계의 3%	
공 급 가 액			943,000,000		
부 가 세				별도	
총 공 사 액			943,000,000		

공사원가계산서 예시

총 괄 집 계 표

공사명 : 동교동 179-19 상가주택(주거복합) 신축공사

공 정	규 격	단위	수량	재 료 비		노 무 비		경 비		합 계		비고
				단가	금액	단가	금액	단가	금액	단가	금액	
A. 건 축 공 사		식	1		515,227,132		210,982,190		16,781,000	-	742,990,322	
B. 기 계 설 비 공 사		식	1		56,710,000		-		-		56,710,000	
C. 전 기 설 비 공 사		식	1		40,760,000		-				40,760,000	
합 계					612,697,132		210,982,190		16,781,000		840,460,322	

총괄집계표 예시

합산된다. 여기서 재료비는 공사에 쓰이는 재료 구입비로 이해하면 된다. 노무비는 시공사의 품질이나 기술 수준에 따라 차이가 발생될 수 있다. 마지막으로 경비는 기계장비나 기구를 사용하는 데 필요한 금액이다.

공정별집계표

각 공정별 금액을 집계한 표다. 일반적으로 가설공사, 토목공사, 철근콘크리트공사, 단열공사, 방수공사, 조적공사, 타일 및 석재공사, 목공사, 금속공사, 미장공사, 창호공사, 유리공사, 도장공사, 수장공사, 지붕 및 홈통공사, 조경 및 부대공사, 가구공사 등으로 구분된다. 이렇게 구분된 각 공사의 금액이 합산된 것이 건축공사비가 된다.

전기설비나 기계설비 등 다른 분야의 공정별집계표도 이처럼 여러 공정으로 구분

공 정 별 집 계 표

공사명 : 동교동 179-19 상가주택(주거복합) 신축공사

공 정	규 격	단위	수량	재 료 비		노 무 비		경 비		합 계		비고
				단가	금액	단가	금액	단가	금액	단가	금액	
[건 축 공 사]												
01. 가 설 공 사		식	1		23,040,900		26,364,500		6,620,000		56,025,400	
02. 토목 공사		식	1		53,802,120		-		-		53,802,120	
03. 철근콘크리트공사		식	1		146,797,800		105,550,000		8,195,000		260,542,800	
04. 단 열 공 사		식	1		15,297,500		2,133,000		-		17,430,500	
05. 방 수 공 사		식	1		7,277,300		1,036,500		-		8,313,800	
06. 조 적 공 사		식	1		1,781,212		4,239,190		-		6,020,402	
07. 타일 및 석재 공사		식	1		16,840,000		13,084,000		-		29,924,000	
08. 목 공 사		식	1		7,276,000		5,934,000		-		13,210,000	
09. 금속 공사		식	1		42,401,500		8,109,000		-		50,510,500	
10. 미 장 공 사		식	1		3,197,500		11,912,000		966,000		16,075,500	
11. 창 호 공 사		식	1		91,166,700		8,750,000		1,000,000		100,916,700	
12. 유 리 공 사		식	1		16,300,000		-		-		16,300,000	
13. 도 장 공 사		식	1		9,084,000		8,424,000		-		17,508,000	
14. 수 장 공 사		식	1		20,186,600		13,934,000		-		34,120,600	
15. 지붕 및 홈통공사		식	1		2,928,000		-		-		2,928,000	
16. 조경 및 부대공사		식	1		57,850,000		1,512,000		-		59,362,000	
17. 가 구 공 사		식	「		-		-		-		-	
합 계					515,227,132		210,982,190		16,781,000		742,990,322	

공정별집계표 예시

된 집계표로 구성된다.

공사세부내역서

공사세부내역서에서는 공정별집계표에서 구분한 각 공사의 견적을 자세히 볼 수 있다. 예로 타일 · 석재 공사의 세부내역서를 보자. 먼저 타일의 종류와 규격이 나오고 이 재료가 사용되는 면적과 수량이 표기된다. 이 수량만큼 구입하는 데 드는 비용과 인건비(노무비)도 구분해서 적어 넣는다.

공사명 : 동교동 179-19 상가주택(주거복합) 신축공사

품 명	규 격	단위	수량	재 료 비		노 무 비		경 비		합 계		비고
				단가	금액	단가	금액	단가	금액	단가	금액	
07. 타일 및 석재 공사												
자기질 타일	국산/바닥용	M2	48	20,000	960,000		–		–	20,000	960,000	
자기질 타일	국산/벽체용	M2	233	20,000	4,660,000		–		–	20,000	4,660,000	
석재타일	국산/바닥용	M2	13	23,000	299,000				–	23,000	299,000	
타일붙이기	바닥	M2	48		–	18,000	864,000		–	18,000	864,000	
타일붙이기	벽체	M2	233			18,000	4,194,000		–	18,000	4,194,000	
폴리싱타일		M2	8	45,000	360,000	18,000	144,000		–	63,000	504,000	
화강석 잔다듬	바닥/계단.변콘	M2	201	37,000	7,437,000	28,000	5,628,000		–	65,000	13,065,000	
화강석 걸레받이	10MM/계단	M	98	16,000	1,568,000	23,000	2,254,000		–	39,000	3,822,000	
시멘트		포	192	4,500	864,000		–		–	4,500	864,000	
모래		M3	15	30,000	450,000		–		–	30,000	450,000	
백시멘트	40KG	포	5	10,000	50,000				–	10,000	50,000	
세라픽스	타일용본드	통	6	32,000	192,000		–		–	32,000	192,000	
합 계					16,840,000		13,084,000		–		29,924,000	

공사세부내역서 중 타일 및 석재 공사 예시

공정표를 기준으로 공사비 지불방식을 결정하라

건축주는 공정표도 확인해야 한다. 건축공사는 가설 · 부대공사, 토목공사, 철근콘크

리트공사, 조적공사, 미장·방수공사, 창호공사, 금속공사 등 수많은 공정으로 나뉜다. 공정표는 이러한 여러 공사를 공사기간 내에 공사순서와 시기를 계획해 놓은 표가 된다.

현장관리자는 공정표를 기준으로 스케줄에 맞게 여러 공사 업체를 관리하고 조정해 나가는 역할을 한다. 공정표는 처음 공사 도급 계약시 계약서에 명시되는 공사기간에 맞게 작성되어야 한다. 그래야 건축주가 공정표를 근거로 공사가 계획대로 진행되는지를 체크할 수 있다.

공정표를 대충 만들어 놓고 시작하면 건축주와 시공사 사이에 충돌이 생기기 쉽다. 공사가 계약서의 기간보다 연장되었을 경우, 건축주는 공정표를 법적인 근거로 들어 지체상환금을 요구할 수 있다.

공정표가 중요한 또 다른 이유는 공사비 지불 때문이다. 공정표를 기준으로 공사를 진행했는지 감리자와 상의하여 공사비를 지불하면 된다. 보통 공사비는 매달 공사를 한 양에 맞춰 지불하는 방식과 일정 공사의 범위가 끝나면 공사 범위를 기준으로 지불하는 방식이 있다. 둘 중 어떤 방식으로 지불하든 공정표는 공사계약기간과 함께 중요한 기준 자료이다.

청구된 공사비가 적정한지는 공사 감리자와 상의해야 한다. 공사 감리자를 선정할 때는 공정 관리와 공사비의 적정성을 같이 협의해 줄 수 있는지 미리 언급하는 것도 중요하다.

공사 진행 도중 건축주가 재료나 평면의 구성을 바꾸고 싶으면 어떻게 할까? 실시도면을 토대로 작성한 세부내역을 기준으로, 변동되는 사항에 대해서만 가감을 하면 된다. 다만 건축주로 인해 공사기간이 연장되는 경우는 처음 계약에 명기된 공사기간에서 연장된다는 점을 고려해 주어야 한다.

▌공정계획서

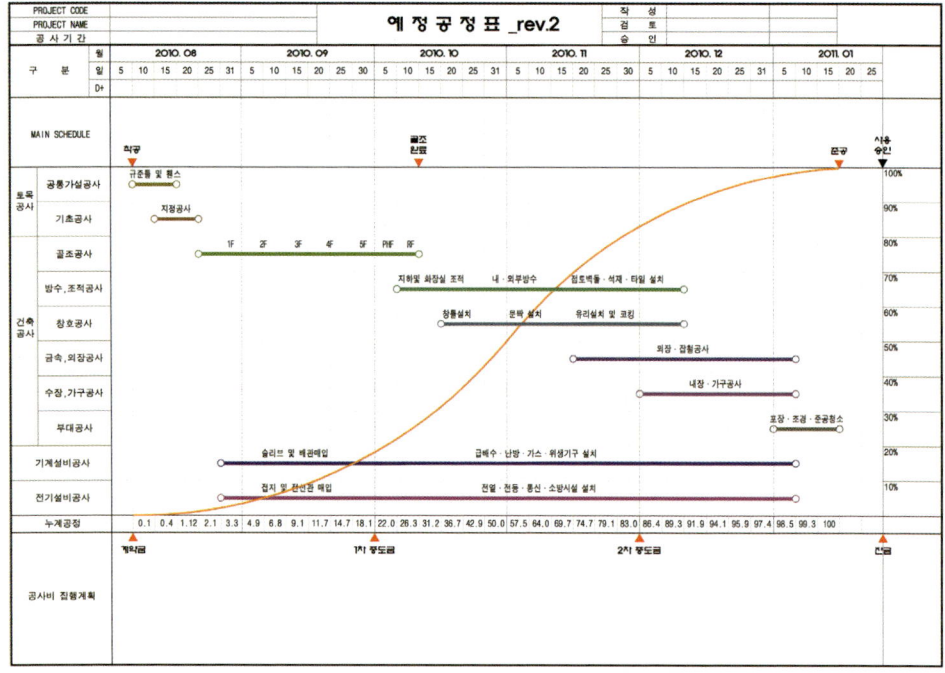

공정표 예시

 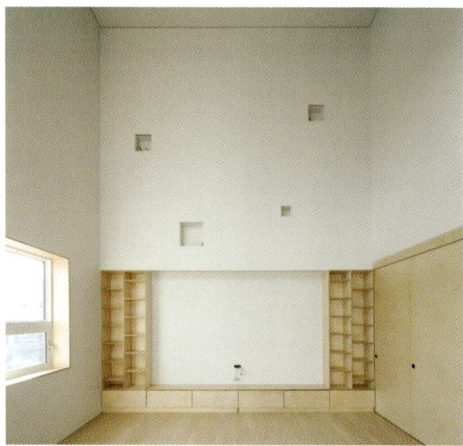

도마집 거실 원 시공안 → 도마집 거실 변경 시공안

하도급 업체에 지급되는지 확인해야 한다

가끔 공정별 공사비를 제때 지급하고도 공사가 중단되어 발을 동동 구르는 건축주를 만날 때가 있다. 시공사에 지급한 돈이 하도급업체로 전달되지 않아 태업 사태가 벌어진 것이다.

공사비를 지급할 때 가장 사고가 나는 지점이 바로 시공사에서 하도급으로 돈이 넘어가는 단계다. 시공사는 대부분 하도급업체에 각 공정별 공사를 맡긴다. 건축주에게 돈을 받으면 자신들의 이윤과 경비를 제외하고 하도급업체에 공사비를 지불하게 된다. 그런데 시공사가 이 돈을 제때 지불하지 않고, 다른 현장의 공사비를 돌려 막기 하는 경우가 있다.

건축주는 법적 책임은 없지만 공사 중단으로 인해 공사기간 연장이라는 피해를 고스란히 입게 된다. 시공사를 상대로 법적인 소송을 할 수는 있지만 이마저도 자금사정이 열악한 시공사를 만나면 이득 볼 게 별로 없게 된다.

따라서 시공계약을 할 때 특약사항으로 기성금을 지불한 후, 해당 하도급 업체에 기성금이 지불됐는지 확인해 달라는 조건을 기입하는 것이 중요하다.

분명 기성금의 100%가 다 업체에 지불되기는 힘들 수 있다. 하지만 공사가 중단되는 경우를 막기 위해서는 업체들에 어느 정도의 기성금이 지불되는지 꼭 확인해야 한다.

6

단열만 잘해도
입소문이 난다

단열만 잘해도 좋은 집으로 입소문이 날 수 있다. 상가주택에는 365일 머물러야 하는 주거세대가 포진해 있다. 겉만 번지르르하면서 추운 집은 결국엔 경쟁력이 떨어진다. 시간이 갈수록 결로와 곰팡이로 고통받는 임차인들의 불만과 항의가 거세지다 보면 건축주도 괴로워진다. 반면, 따뜻하고 쾌적한 집은 입소문이 나서, 지역 부동산중개업소에서도 적극적으로 임차인을 연결해 준다.

단열이란 열이 흐르는 물체에 저항할 수 있는 재료를 덧대어 열 흐름을 적게 하는 것을 말한다. 단열의 목적은 에너지 절약, 표면 결로의 발생 방지, 실내환경의 안정성 유지로 볼 수 있다.

단열 공사는 겨울을 위해서만 하는 게 아니다. 여름에도 단열이 잘 된 집은 덜 덥다. 겨울에는 내부의 열을 외부에 적게 뺏기기 위한 것이고, 여름에는 외부의 열이

내부로 적게 들어오기 위한 것으로 이해하면 된다. 사계절이 뚜렷한 우리나라 기후에서 단열시공만 잘해도 여름과 겨울철의 냉난비를 크게 줄일 수 있는 것이다.

무엇보다 사는 내내 쾌적할 수 있다. 집을 감싼 단열재가 외부 온도에 의한 급격한 실내온도 변화를 막아주기 때문이다.

상가주택 시공의 핵심은 단열이다. 단열은 간단해 보이지만 시공이 까다로운 과목이다. 건축에 대해서 이도 저도 모르겠다는 건축주라면, 단열 시공만 잘 계획해도 절반의 성공이다. 그러자면 단열 시공에 대한 최소한의 상식은 갖추는 게 좋겠다.

단열효과가 높은 시공법을 선택한다

단열은 시공법에 따라 그 효과에서 차이가 난다.

국내에서 가장 많이 사용하는 단열시공법은 내단열과 외단열이다. 내단열이란 벽체를 기준으로 안쪽(실내)에 단열재를 시공하는 방식이다. 외단열이란 벽체를 기준으로 바깥(실외)에 단열재를 시공하는 방식이다.

두 가지 방법 중에 따져보자면 외단열의 효율이 더 좋다. 단열재가 건물을 마치 보온병처럼 꽁꽁 감싸는 원리이기 때문이다. 외단열이 빈틈없이 잘 시공되면 실내온도의 변화 폭도 줄어들고 결로도 사라진다. 따라서 사람이 계속 거주하는 주거형 건물에는 일차적으로 외단열을 고려해야 한다.

다만 노출콘크리트 상가주택의 경우에는 외단열을 할 수 없다. 벽체인 콘크리트를 외부에 고스란히 내보여야 하기 때문이다. 이런 경우에는 내단열을 보다 강고하게 실시해야 한다. 일반적인 단열재를 벽에 붙이는 것보다 뿜칠로 구석구석을 꼼꼼히 매울 수 있는 우레탄폼이 유리하다.

최근에는 내단열과 외단열을 모두 실시하는 경향이 짙다.

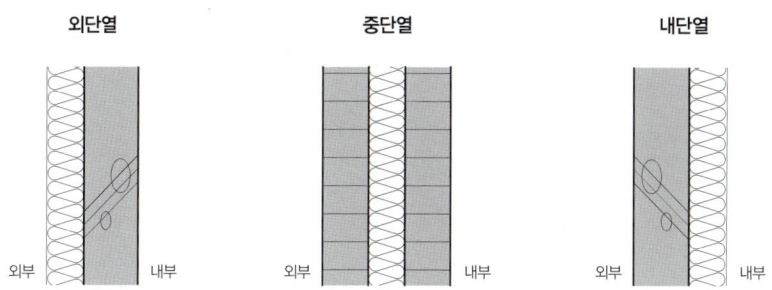

내단열(위)과 외단열(아래)의 사례

구분	내단열	외단열
실온변화	실온변화가 외단열보다 크다	실온변화가 적다
난방부하	강당 등의 사용시간이 짧은 건물에 유리	사람이 계속 거주하는 건물에 적합
냉방부하	야간에	내단열보다 적다
표면결로	결로 발생이 쉽다 결로 방지를 위해 충분한 환기 필요	결로 발생이 거의 없다
내부결로	단열재의 실내측에 완전한 방습층을 설치하지 않으면 결로 발생	실내측에 방습층이 없어도 결로가 발생하지 않음
열교현상	열교부분의 단열처리가 어려운 경우가 있음 국부적으로 결로 발생이 쉽다	열교부분의 단열처리가 쉽다

 **Tip : 열교 해법**

열교현상이란 외벽이나 바닥, 지붕 등의 건축물 부위에 단열이 연속되지 않는 부분이나 외벽의 모서리부분, 구조체의 일부분에 열전도율이 큰 부분이 있을 때 그곳으로 열이 집중적으로 흐르는 현상이다.

열교현상이 발생하면 단열성능이 떨어지고, 에너지 소비가 증대되고, 냉열교가 발생하면 표면결로가 발생하여 곰팡이 얼룩이 생기게 된다.

이러한 단열 열교를 방지하기 위해서는 접합부위의 단열재가 끊기지 않도록 철저한 시공이 필요하다. 또한 미리 열교가 일어날 수 있는 의심 부위를 체크해서 열교현상을 최소화한다.

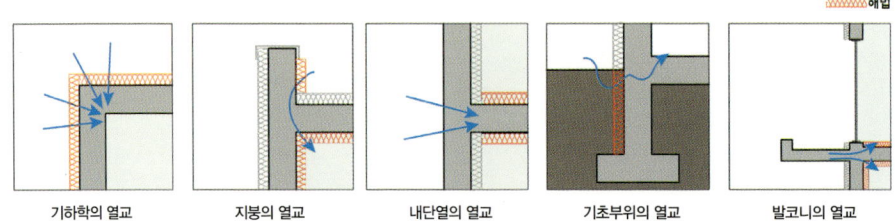

| 기하학의 열교 | 지붕의 열교 | 내단열의 열교 | 기초부위의 열교 | 발코니의 열교 |

단열재 시공법도 미리 확인한다

단열재는 종류도 다양하고 성능도 다르다. 성능에 따라 등급이 가~라 등급까지 구분되는데, 등급이 높을수록 단열재의 두께가 얇아져 건물의 면적 산정에 조금이나마 유리한 측면이 있다.

중간설계 단계인 인허가를 진행하면서 단열재의 등급과 두께를 결정하게 된다. 건물을 다 짓고 난 후 사용승인을 받을 때는 단열재의 시험성적서 제출을 기관으로부터 요구받기도 한다. 따라서 건축주는 내 건물에 어떤 단열재가 어떻게 시공되는지를 알아야 한다.

애초 사용하려는 단열재의 시험성적서를 건축가에게 요구하여 확인하고, 시공하는 데 어려움은 없는지를 확인하자.

현장에서 가장 많이 사용하는 공법은 콘크리트에 보드 형태의 단열재를 덧붙이는 '붙임공법'이다. 가장 쉬운 방법이긴 하지만 하자 발생률이 가장 높은 단열재다. 보드와 보드를 이어나갈 때 빈틈이 생겨서는 안 되는데, 현장에서 기밀하게 잇지 않을 경우 하자가 나가 쉽다. 가장 꼼꼼한 시공이 필요한 단열공법이라는 점에서 감리가 철저히 이뤄져야 한다.

붙임공법보다는 비용이 비싸지만 단열 성능을 확보하기에 더 유리한 시공법도 있다. 단열재를 현장에서 뿜칠하는 '뿜칠공법' 등은 하자율이 낮은 편이다.

이처럼 단열재는 종류와 시공방법에 따라 비용도 차이가 나고, 결로 발생률이나 단열 효율도 차이가 난다. 따라서 시공사와 비용 협의를 하면서 건축주의 상황에 맞는 단열재와 단열공법을 선택하는 것이 중요하다.

붙임공법: 보드형 단열재를 접착재, 볼트, 못 등을 이용하여 벽면에 붙이는 공법

뿜칠공법: 현장발포 단열재를 벽면에 뿜칠하여 붙이는 공법

충전공법: 모포형 단열재 또는 보드형 단열재를 스터드 또는 샛기둥 사이에 끼워 넣어 충전하는 공법

타설공법: 보드형 단열재를 미리 거푸집에 붙이거나 그 자체를 거푸집으로 하여 콘크리트를 타설하는 공법

단열 하자, 빨리 발견할수록 좋다

단열로 인한 하자는 준공 후 살면서 발견하게 되는 경우가 많은데, 이미 늦은 시점이라고 할 수 있다. 단열을 재시공하자면 외벽을 다시 재시공해야 하는 큰 공사가 되기 때문이다.

단열공사의 하자 여부는 시공과정에서 발견해야 한다. 창호공사와 단열공사가 마무리 되는 시점이 가장 좋다. 이 시점에서 건축주와 시공사가 함께 단열 시공 상태를 점검하는 것이 최선의 방법이다. 비용이 들긴 하지만 신뢰할 만한 외부기관에 의뢰하는 게 가장 확실한 방법으로 보인다.

단열 시공에 대한 체크리스트는 다음과 같다.

- ☐ 단열시공 부분에 틈새는 없는가?
- ☐ 창호 주변 틈새에서 침기는 없는가?
- ☐ 현관문에서 외기가 들어오지는 않는가?
- ☐ 벽체와 천장 틈새에 침기는 없는가?
- ☐ 설비배관들의 틈새에 침기는 없는가?
- ☐ 큰 창들의 벽체 틈새에 침기는 없는가?
- ☐ 외벽과의 관계에서 열교 발생 부위가 없는가?

단열에서 중요한 창호 선택의 기준이란?

단열공사는 벽에 단열재를 시공하는 것으로 끝나지 않는다. 벽에 장착되는 창호가 어떻게 시공되는지도 중요하다. 또한, 창호 자체의 기밀성능이 좋아야 한다.

상가주택 잘 짓는 비법은
따로 있다

창호가 중요한 이유는 단열성능 때문만이 아니다. 건축비에서 창호가 차지하는 비율이 상당히 높기 때문에 후회 없는 선택을 하기 위해서는 건축주도 기본 상식을 갖고 접근해야 한다.

창호를 고를 때는 기밀성능 확인서, FIX창으로 받은 시험성적서, PVC창호 등급 확인서를 꼭 확인해야 한다. 이들 시험성적서를 통해 열관류율이나 기밀성능을 확인할 수 있다.

열관류율이나 기밀성능은 값이 적을수록 좋은 것이다. 우리나라 패시브하우스 기준의 열관류율은 $0.08W/m^2k$ 이하이며, 기밀성능은 $0.0m^2/m^2h$에 가까워야 한다.

창호의 성능을 확인한 후, 유리회사로부터 차폐계수나 SHGC 값을 확인하는 것도 중요하다. 유리의 성능은 VLT(가시광선 투과율), SHGC(태양열 취득계수), U-Value(열관류율) 값으로 표현된다.

상업공간과 주거공간의 경우 유리의 성능에 있어 차이를 보이게 된다. 상업공간은 주로 일사량이 많은 낮 시간대에 사용빈도가 높고, 건물 안의 전자 기기들의 발열과 사용인구가 많으므로 난방부하보다는 냉방부하가 높은 공간이다. 이 경우 SHGC 값이 낮을수록 태양열 에너지의 유입이 적어지고 냉방부하를 줄일 수 있어 에너지 절약에 유리하다.

반대로 주거공간의 경우는 태양이 있는 낮 시간보다는 태양이 없는 오후부터 밤 사이에 사용빈도가 높다. 따라서 SHGC가 높아 태양열 에너지 취득이 높으며, U-value가 낮은 창호를 사용하면, 난방부하를 크게 줄여 에너지 절약에 유리하다.

7

준공 전 체크만 잘해도
하자가 줄어든다

건축주가 상가주택 시공과정을 통틀어 가장 집중해야 할 시간이 준공 직전이다. 보통의 건축주들은 건축물이 모두 지어진 후 입주해 살면서 불편한 사항을 발견하고 얘기한다. 준공이 된 후에 발생하는 불편사항은 '하자'로 간주되는데, 하자가 되는 순간 시공사와의 관계가 불편해지기 쉽다. 경우에 따라서는 법적 싸움으로 번질 수도 있다.

준공 후 지적하는 하자와 달리, 준공 전에 발견된 미흡한 점은 대화만으로도 충분히 수정할 수 있다. 시공사도 아직 준공 전이므로 건축주의 요구를 순순히 받아들인다.

따라서 건축주는 시공사가 알아서 준공 전에 미흡한 점을 체크해 주리라고 기대하지 말자. 그보다 먼저 건축주 스스로 체크리스트를 마련해서 시공사와 함께 점검해 나가야 한다.

건축주는 입주한 이후에도 스스로 자신의 건물을 체크하는 자세를 견지해야 한다. 매년 계절별로 성능을 확인해야 할 시설물들이 있다. 상가주택 유지보수의 리스트를 정리해 두었다가 시기마다 확인하고 필요한 관리와 보수를 해나가면 10년 후에도 20년 후에도 처음처럼 튼실한 상가주택의 모습을 유지할 수 있다.

준공 전 체크 리스트를 확보하라

준공 후 흔히 발생하는 여러 민원사항을 정리했다. 민원사항은 준공 후에 보수를 통해 해결할 수도 있지만 공사 과정에서 미리 챙겨야만 해결 할 수 있는 사항도 여럿이다. 따라서 준공 전 보수 가능한 체크 사항과 공사 전에 미리 챙겨야 할 체크 사항을 구분하여 정리한다.

· 준공 전 체크사항 ·

- **도배, 도장**(벽, 난간 등) : 도배나 페인트 도장에서 벗겨지거나 공사 관리하면서 파손된 부분을 체크한다.
- **마루 및 타일 바닥재** : 공사하면서 발생한 자국이나 시간이 지나면서 생긴 틈, 들뜬 부분을 체크한다.
- **도어** : 문과 문틀의 뒤틀림이나 벌어짐 현상으로 열고 닫는 데 문제 있는 경우를 체크한다.
- **싱크대** : 싱크대 문의 열고 닫힘의 문제나 하드웨어의 파손 등을 체크한다.

상가주택 잘 짓는 비법은
따로 있다

- **조명등** : 조명 빛의 종류(형광, 주광, 백열광) 및 밝기의 정도를 체크한다.
- **각종 매뉴얼 확보** : 각방 열쇠 매뉴얼, 보일러 사용 매뉴얼, 번호키 매뉴얼 은 꼭 챙겨야 한다.
- **급수밸브 사용**(차단) **매뉴얼** : 여러 급수밸브가 있을 시 어떤 사용의 밸브인 지를 미리 체크하여 표기한다.
- **전기 전력 차단기함**(두꺼비집) **매뉴얼** : 건물에 사용한 전열 전등 정보를 표기 해 두면 향후 전기 관리시 편리하다.
- **소화기 소방감지기** : 소화기 구비사항이나 소방 감지기가 정상적으로 작동 하는지를 체크한다.

· 공사 전 체크사항 ·

공사 전 체크사항은 시공사와 견적 미팅을 하면서 미리 반영해 달라고 문서로 작성해서 전달해 주는 방법이 가장 좋을 수 있다. 시공사도 공사를 하면서 미 리 체크하게끔 하는 것이다.

- **하수 냄새** : 화장실, 욕실, 싱크 쪽에서 하수 냄새가 새어 나오는지를 체크 한다. 공사를 하면서 냄새 역류를 막는 트랩을 설치하지 않을 경우 냄새가 발생할 수 있다.
- **에어컨 사전 배관** : 공사 중에 에어컨 설치를 미리 체크하여 배관이 외벽에 노출되는 문제를 최소화한다. 에어컨 배관을 숨기고 에어컨 실외기 가림벽 을 건물과 같이 디자인해 건물의 외관을 더욱 돋보이게 할 수 있다.
- **정화조** : 정화조 에어밴트를 보이지 않게 옥상까지 올리는 것을 꼭 체크해

야 한다. 간혹 지상에서 높게 올리지 않을 경우 냄새가 건물주변에서 많이 날 수 있게 된다.

- **소음배관** : 위층에서 내려가는 화장실 배관의 경우 소음을 차단하는 것을 고려하여 설비배관을 선택한다. 시공사와 공사 견적을 낼 때 처음부터 소음배관을 사용해 달라고 의뢰한다.

- **수도배관** : 수도배관의 동파문제를 해결할 수 있도록 2중단열 설비배관을 선택한다. 더 나아가 단열테이프를 한 번 더 감싸면 겨울철 동파문제에서 벗어 날 수 있다.

에어컨 배관을 숨긴 예시

지붕 위 정화조 에어밴트

소음배관

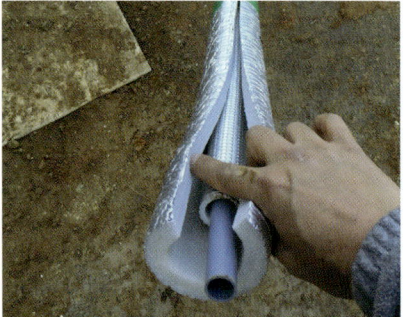
수도배관

상가주택 잘 짓는 비법은
따로 있다

스노우 스타퍼   빗물처리를 하는 유공관

- 스노우 스타퍼(snow stoper) : 지붕에 눈이 쌓여 한꺼번에 떨어져 사람이 다치는 안전사고를 예방하기 위한 장치이다. 요즘 건물 디자인에서 지붕에 빗물받이를 하지 않는 경우가 많다. 스노우 스타퍼를 설치하면 눈에 의한 안전사고를 미리 예방 할 수 있다.

- 외부 빗물 처리 경사 및 유공관 : 마당이나 외부공간에 빗물이 도로 쪽으로 흘러가게 지면을 경사 처리함으로써 우기시 빗물이 쉽게 빠지도록 한다. 자연배수가 어려운 부분은 유공관을 묻어 빗물처리가 원활하게 되는지를 체크한다.

- 단열재 시공 점검 : 기밀한 단열재 시공은 아무리 강조해도 지나치지 않는다. 준공 후 결로나 외풍이 생기면 건물 외피의 단열 시공을 다시 하지 않고서는 해결할 방법이 없다. 따라서 시공과정 중에 단열 시공은 꼭 미리 점검해서 준공 후 문제가 없게 하여야 한다.

준공 후 체크 리스트로 문제를 예비하라

매년 찾아오는 계절별 시설관리 사항을 미리 체크하면 예상치 못한 사고를 미리 막을 수 있다. 여기의 사항들은 건축주가 특별한 지식이나 기술 없이도 체크할 수 있는 사항이다.

• 준공 후 시설관리 체크사항 •

봄

- **지반 침하** : 겨울 동안 지반이 얼어 있다 녹으면서 침하현상이 일어나는지 체크해야 한다. 건물은 동결심도를 지켜 시공이 됨으로 문제될 게 없지만 건물 주위의 외부데크나 배수관로에 문제가 발생할 수 있다. 데크가 주저앉거나 배수관로가 지반 침하로 인해 금이 가거나 파손될 수 있다. 특히 겨울공사로 건물을 지을 경우는 봄에 더욱 꼼꼼히 체크해야 한다.

- **외부 목재 데크** : 습기를 먹어 목재에 곰팡이가 번졌는지 또는 썩거나 파손된 부위가 있는지 체크한다. 체크시 문제가 발생하면 부분 리모델링 공사를 진행하면 된다. 특히 1~2년마다 주기적으로 스테인을 칠해 주면 오랫동안 사용할 수 있다.

- **외벽** : 겨울 동안 외벽은 눈이나 비를 맞기도 하고 영하의 추위를 감당하게 된다. 이때 자재는 필연적으로 수축했다가 팽창하는 현상을 보이게 된다. 이럴 경우 간혹 외벽에 금이 가게 되는데 여름철 방수나 단열에 문제가 발생하는 원인이 되기도 한다. 금이 간 곳이 있으면 같은 재료로 부분 수리해 틈새

를 막아야 한다. 또한 일반적으로 외벽 자재에 따라 관리가 다를 수 있다. 목재를 비롯해, 스타코, 시멘트 사이딩, 금속자재를 붙였을 때는 내구성을 높이기 위해서 정기적인 도장이 필요하다.

여름

• **지붕 거터 및 바닥 드레인** : 드레인이 낙엽이나 벌레 때문에 막히는 경우 빗물이 배수되지 않아 집 안으로 물이 들어와 집안이 온통 물바다가 되는 경우가 발생한다. 따라서 우기가 오기 전에 필히 지붕거터나 바닥 드레인들을 청소해주어 빗물이 잘 빠지게 체크해야 한다.

• **폭우시 빗물 역류 대비** : 건물 주변의 우수 맨홀은 우기가 오기 전에 미리 청소하여 폭우시 빗물이 역류하여 건물에 피해를 입히지 않게 대비한다.

• **옥상 및 지붕, 외벽 방수** : 여름철 우기 시 지붕이나 외벽 또는 옥상에 물이 새는 경우가 종종 발생한다. 폭우시 물이 새면 어디서 새는지 찾기도 어렵고 속수무책이 된다. 따라서 우기가 오기 전에 외벽에 금이 간 곳이 없는지 살펴보고, 옥상에 물을 채워서 미리 새는 곳이 없는지 확인한다.

• **에어컨 및 실외기** : 에어컨 및 실외기를 미리 청소하면 냉방의 에너지효율을 높일 수 있다. 실외기는 여름철 먼지로 인한 화재의 원인이 되기도 하니 폭염이 오기 전에 실외기 청소를 해주는 것도 좋다.

가을/겨울

• 난방 : 보일러는 잘 가동되는가? (시운전)

　　　　 보일러 청소는 했는가? (먼지와 오물제거)

　　　　 가스누출은 없는가? (가스보일러 점검)

- 동파 : 수도계량기 보온은 했는가?

  외기에 노출된 보일러관, 수도관을 보온했는가?

  영하 5도 이하일 경우 온수를 졸졸 틀어 놓았는가?

  장기간 집을 비울 경우 동파 대비책을 세웠는가? (급수밸브 잠그기,

  배관의 물 빼기)

  내부 공용 화장실의 동파 관리는 했는가? (내부 수전일지라도 영하 10도 이

  하의 맹추위가 오래될 경우를 대비해 난방이 잘 안 된 내부 공용 화장실 등은 방열

  기 등을 이용해 동파 방지 대책을 세워둬야 한다.)

- **옥외 수전 점검** (마당이나 테라스에서 사용하는 옥외 수전은 겨울철 동파를 방지하기 위

  해 미리 급수를 차단해야 한다.)

- 화재 : 소화기는 비치되어 있는가?

  두꺼비집의 차단기는 제대로 작동 되는가?

- 단열 : 실내 결로는 없는가?

  단열이 부실한 곳은 없는가?

  창호 주변에 외기가 들어오는 곳은 없는가?

  현관 출입문의 단열은 잘 되는가?

- 외벽 : 외벽에 금이 가 있는 곳은 없는가?

  외벽 창호의 틈새는 없는가?

에필로그

:

성공한 상가주택 건축주들에게 배우자

    지난 수년간 상가주택을 짓고 입주해서 단독주택 못지않은 공간을 누리며 상가와 원룸 등의 임대수입을 토대로 안정적으로 정착한 사람들을 만났다.

    이들에게는 묘한 공통점이 있었다. 상가주택을 짓는 데 남다른 정성을 들인다는 점이다. 자기 건물 짓는 데 정성을 들이지 않는 사람이 어디 있느냐고 반문할지 모르겠다. 그러나 어디에 정성을 들여야 하는지 아는 건축주와 모르는 건축주의 행보는 천지 차이다.

    건축주 스스로 공부해 중심을 세우는 게 중요하다. 그렇지 않고 이 사람 저 사람이 흘리는 말에 현혹되어 지엽적인 문제에 집착해 힘을 빼는 건축주들도 있다. 곁에서 지켜보기에도 안타까운 일이다.

    성공한 상가주택 건축주들이 정성을 들인 부분은 바로 다음의 것들이다.

아는 게 힘! 퇴근 후 도서관으로 달려갔다

    상가주택 건축주들은 공부에 꽤 많은 노력을 투자한다. 두 달 가량 퇴근시간마다 도서관에 들러 집짓기 책들을 섭렵했다는 건축주도 있었다. 그것도 부족해 건축주들의 집짓기 모임이나 각종 기관에서 실시하는 집짓기 과정을 찾아가기도 한다.

    이렇게 수련 과정을 거친 건축주들은 유지관리비를 줄이는 건축 시공법이나 각종 자재들의 단점과 장점을 파악하는 일, 비용을 절감하기 위한 테크닉 정도는 거뜬히 섭렵한다. 조금 더 노력하면 SNS나 블로그를 통해 최신 유행하는 인테리어 트렌드까지 줄줄이 꿰게 된다.

문제는 공부의 정도다. 어설픈 공부는 오히려 독이 되기 쉽다. 건축물은 유기체다. 기초공사에서부터 골조 세우기, 벽면을 채우고 지붕을 얹기까지 투입되는 모든 설비와 공간은 실타래처럼 엮여 있다. 이런 점을 이해하지 못한 채 국지적인 요구만 하는 건축주들이 적지 않다. 하나만 알고 둘은 모를 때 벌어지는 일이다.

따라서 공부를 할 때는 전체 건축의 흐름과 상가주택이 지닌 핵심 요소를 파악하는 게 중요하다. 성공한 건축주들은 핵심을 잘 파악해서 큰 밑그림을 그린 다음, 구체적인 해결법에 있어서는 건축가와 시공자 등 전문가의 식견을 존중하고 따랐다.

상가주택에도 차별화가 필요하다

경기도 신도시 내 점포주택용지에서 같은 시기에 건축을 시작한 두 집이 있었다. A씨 집은 시공이 완료되기도 전에 상가와 임대세대 계약이 모두 성사됐지만, B씨 집은 짓고 나서도 1년여 가까이 1층 상가와 2층 임대세대를 모두 비워두어야 했다. 계약자들이 나타나지 않았기 때문이다. 왜일까?

두 집은 어깨를 나란히 하고 있다. 입지나 용지의 특징 면에서도 차이가 없다. 그러나 집만을 놓고 보면 하나에서 열까지 모든 게 달랐다.

우선 외관이다. 집 겉모양이 뭐 그렇게 중요할까 생각할 수도 있지만, 요즘 신세대 임차가구들은 디자인을 중시한다. A씨 집은 비싼 자재를 쓴 것도 아닌데, 모던하고 깔끔한 형태가 인상적이다. 거기다 외벽에 감칠맛 나는 집 이름을 예쁜 글씨로 붙여 놓았다. 건물을 다시 보게 만든다.

B씨 집은 3~4가지 자재를 사용해서 멋을 낸 듯싶지만, 조잡해 보인다. 요즘 젊은 세대에게 어필하기엔 부족한 디자인이다.

계단실과 복도도 차이가 난다. A씨 집은 복도와 계단실에 크고 작은 전망용 창을 내어 활기를 주고 집집마다 현관문에 컬러 포인트를 주었다. 다 같은 집이 아니라는 표식으로 임차가구의 심리적 요구를 잘 간파한 것이다. B씨 집은 어두컴컴한 복도에다, 문을 열면 마주보이는 세대 구성도 불편해 보인다. 적어도 반대편 집의 현관문이 엇갈리게 배치되어야 하는데 그 점마저 간과했다.

임차가구 실내를 들여다보면 더 큰 차이가 있다. A씨 집의 임대세대는 복층 구조다. 작지만 아기자기한 구성과 희귀성이 있는 복층구조로 임차인들의 마음을 사로잡고 있다. B씨 집은 어떨까. 한 층에 두 세대를 넣다 보니 주방과 거실이 좁아지고 방 크기도 작아졌다. A씨 집과 B씨 집의 임대가구는 같은 면적인데도 A씨 집이 밝고 실속이 있다. A씨 집이 임차인들의 선택을 받을 수밖에 없던 이유다. 이렇게 주인세대까지 따지고 들면 한도 끝도 없다.

성공한 건축주들은 상가주택을 짓더라도 차별화 전략이 필요하다는 점을 잘 인지하고 있었다. 그 결과 같은 조건에서도 다른 결과물을 만들어냈다.

그들은 누구보다 열심히 소통했다

상가주택은 건축주 혼자의 힘으로 이룰 수 없다. 단독주택이라면 가능할 수 있다. 직접 짓는 DIY 흙집도 있고, 작은 목조주택 정도는 기술을 배워 품앗이로도 지을 수 있으니까.

에필로그

보통 3~4층 규모로 짓는 상가주택은 설계자와 시공자의 조력이 중요하다. 성공한 상가주택 건축주들은 이 점을 잘 알고 집짓기 관계자들과의 소통에 힘을 쏟았다.

어떤 건축주는 설계자에게 끊임없이 자신이 집을 짓는 목적과 집을 짓고 난 후 꿈꾸는 생활을 주제로 이야기를 나누었고, 깊은 교감을 통해 진정 꿈에 그리던 집을 얻었다.

어떤 건축주는 자신의 부족한 자금 사정을 설계자에게 솔직히 알려서 2차에 걸친 순차적인 개발계획을 세웠고, 상가주택을 짓고 난 뒤에는 오히려 자금 압박에서 벗어났다.

시공 현장에서의 소통도 매우 중요하게 여겼다. 성공한 상가주택 건축주들은 대다수 시공 현장에 직접 방문해 일꾼들을 진심으로 격려했다. 그들을 한결같이 우리 집을 지어주는 중요한 존재로 여기고 대우했다. 건축주들의 진심은 일꾼들에게도 전해지기 마련이다.

상가주택도 주택, 오래 가는 집을 지었다

간혹 상가주택은 싸게 짓는 집이라는 인식을 지닌 사람들을 본다. 상가주택도 집인데 말이다. 그런 인식은 상가주택을 재테크 관점에 치우쳐 보는 사람들의 입에서 전파되는 듯싶다.

성공한 상가주택 건축주들은 100년 가는 주택을 짓겠다는 생각으로 임했다. 한번 지은 건물을 부수는 일은 쉽지 않다. 적어도 수십 년이 지난 훗날, 고쳐서 다시 쓸 수 있는 집이 되어야 한다.

오래가는 집을 짓는 것은 그리 어려운 일이 아니다. 에너지를 적게 쓰면서 튼튼한 집을 지을 수 있는 기술이 상용화되어 있다. 결국 선택의 문제다. 같은 비용으로도 누구는 건물 수명에 투자하는가 하면, 누구는 인테리어 치장에 투자한다.

집의 기능성은 임차인들이 더 잘 안다. 뭐니 해도 그들에게 가장 좋은 집은 따뜻한 집이다. 공간도 예쁘면서 따뜻한 집이라면 금상첨화다. 반대로 공간은 예쁜데 추운 집은 사절이다. 관리비만 많이 들고 사는 내내 쾌적하지 않기 때문이다.

나만 잘 살자고 하지 않았다

성공한 상가주택 건축주들은 한결같이 '공생'을 추구하고 있었다. 자신의 집과 동네가 잘 어우러지길 바라는 마음에서 때론 욕심을 거두기도 했다.

또, 임차인들이 자신의 집에서 기분 좋게 살아가길 바라는 마음으로 남들이 신경 쓰지 않는 것도 채워 주려 골몰했다. 이런 상가주택에 방문하면 임차가구들이 비록 전월세집이지만 집에 대해 매우 뿌듯한 감정을 갖고 있는 모습을 목격하게 된다. 상가주택은 사람이 살고 사람이 이용하는 공간인 만큼 그 안에서 흐르는 기운을 무시할 수 없다. 그래서인지, 임차가구들이 좋아하는 상가주택은 더 생기 있어 보인다.

간혹 상가주택을 지을 때 수익률만 따지는 사람들이 있다. 재테크적 가치만 크게 부각해서 배려해야 할 부분을 나 몰라라 무시하는 경우를 말한다. 사실 이런 상가주택의 수명은 그리 길지 않다. 왜냐고? 더 나은 경쟁건물이 계속해서 나타나기 때문이다. 당장엔 달려드는 세입자가 있을지 몰라도 언젠가는 그 지역의 임대수요가 포화상태가 되고, 어느 순간엔 수요보다 공급이 넘쳐나는 시기를 맞을 수 있다.

성공한 상가주택 건축주들은 눈앞의 이익에 급급해하면 결국 단명하기 쉽다는 점을 잘 알고 있었다. 상가주택은 나 혼자만 만족해서는 안 되는 건축물이다. 그 건물에 들어와 살거나 창업하게 될 사람들의 입장과 희망사항을 반드시 고려해서 적용해야 한다.

상가주택에 꿈을 담았다

우리가 만난 성공한 상가주택 건축주들은 모두 상가주택의 가능성을 말해주었다. 상가주택은 새로운 라이프스타일을 담아낼 수 있는 주택이라는 점 말이다. 단독주택 생활의 이점도 누리면서, 건축주의 새로운 일터가 되어주거나, 임대료를 받을 수 있는 수입원이 되어줄 수도 있다.

이처럼 상가주택에 꿈을 실현하고 싶다면, 자신과 가족의 삶 속으로 관심의 화살을 쏘아 올려야 한다. 자신을 비롯한 가족들이 꿈꾸는 생활을 상가주택 안에서 해결하는 방법을 적극적으로 모색해야 한다.

상가주택을 짓고 행복해하는 건물주들의 가장 큰 공통점은 거주공간에 대한 만족감이었다. 자신이 필요로 하던 주택 공간을 실제 현실에서 즐길 수 있음에 크게 기뻐했다. 집주인의 거주공간이 럭셔리하다거나, 유난하게 특별하지 않아도 된다.

상가주택은 가능성의 주택이다. 상가주택도 단독주택 못지않게 꿈에 그리던 공간을 실현할 수 있는 건축물이라는 사실에 확신을 가지고 흔들림 없이 추진해나가면 된다.

건물주가 되는 첫걸음,
상가주택 짓기

초판 1쇄 발행 2016년 4월 20일
초판 12쇄 발행 2023년 7월 6일

지은이 구선영, 홍만식
펴낸이 이승현

출판1 본부장 한수미
와이즈 팀장 장보라
디자인 NICE AGE

펴낸곳 ㈜위즈덤하우스   **출판등록** 2000년 5월 23일 제13-1071호
주소 서울특별시 마포구 양화로 19 합정오피스빌딩 17층
전화 02) 2179-5600   **홈페이지** www.wisdomhouse.co.kr

ⓒ 구선영·홍만식, 2016

ISBN 978-89-6086-930-1 13590